영화평론 33

KB139867

영화평론 제33호
Korea Film Critiques

발행일	2021년 12월 1일
발행인	황영미
편집인	송아름, 윤필립
발행처	(사)한국영화평론가협회

편집/인쇄	한국학술정보(주)
주 소	경기도 파주시 회동길 230
전자우편	booktory1007@kstudy.com
전 화	031-940-1007 팩 스 031-940-9933
ISBN	979-11-6801-221-9 93680 (Print)
	979-11-6801-222-6 95680 (Online)
ISSN	2636-0330

영화
평론

Korean Film Critiques vol.33

목 차 contents

Korean Film Critiques

'K'와 'K-'와 'K-무비'
- 상상에서 전망으로1)

안숭범 (영화평론가)

1
상상으로서 'K'

J-팝을 들으며 아니메(anime) 콘텐츠에 둘러싸여 살던 시절이 있었다. 일본 공포영화들이 'J-호러'라는 호명 속에 할리우드에서 리메이크되는 상황을 먼발치에서 부러워하던 때가 있었다. 2000년을 전후해서 벌어진 J-호러의 할리우드 진출을 원거리에서 보면 문화제국주의의 원심력과 민족주의의 구심력이 교차하는 풍경이 있다. 호미 바바의 용어로는 '간극의 공간(in-between space)'을 읽을 수도 있을 것이다. 그도 그럴 것이, J-호러는 동양적 원귀 서사에 기반한 심리적 공포를 앞세워 할리우드를 둘러싼 주류의 담론에 균열을 냈다. 할리우드의 입

---

1) 본고는 '인문 360' 온라인 지면에 실린 「K-무비는 존재하는가」를 확장하여 재작성한 글이다.

장에서 보면, J-호러는 기묘한 흥분을 자아내는 타자, 곧 관습적 규범 바깥에서 출현한 동질화가 불가능한 귀신들의 무대였다. 서구인이 '전형'이라 생각한 호러 장르의 문법에 '낯익은 낯섦(uncanny)'으로 차별화되는 장면들이 선명했다. 할리우드가 쥐고 있는 동일화의 권력 외곽에서 존재를 웅변해온 에스닉 문화(ethnic culture)의 한 표정. J-호러의 'J'는 그런 뉘앙스를 풍기고 있었다.

J-팝, J-무비(특히 'J-호러') 등이 하나의 경향으로 각인된 배경엔 일본인들의 자긍심이 한몫했다는 사실도 언급해야 한다. 'J'라는 호명에 대한 일본인의 적극적 수용은, 할리우드가 차지하고 있는 상상적 지위에 대한 선망과 긍정적 내면화의 의지가 깃들어 있다. 할리우드라는 거대한 관념을 지탱하는 상상적 신화, 그리고 그 배면의 자금력과 기술력에 대한 추종의 흔적까지 발견된다. 그래서 〈링〉이나 〈주온〉을 원작으로 한 미국 리메이크작을 접했을 때, 단번에 해명하기 힘든 혼성성(hybridity)의 무대를 유영해야 했다. 그들 영화에는 '차별화'와 '동질화'라는 대별적 욕망이 서로를 향해 비약하는 순간들이 흥건했다.

이 글은 그로부터 20여년이 지난 시점에서 'K'라는 기표의 함의에 접근하려 한다. 한류 담론이 움트던 무렵, 한류는 'Korean Wave'로 번역되곤 했다. 가장 먼저 대만 언론을 통해 언급된 것으로 알려진 'Korean Wave'라는 용어는, 아시아 전역으로 퍼진 후 미국 등 서구권에 스며들기 시작한다. 이때부터 'K'는 특수한 타자(한국/한국 문화콘텐츠)의 개성과 경향을 일반화하는 편의적 수사가 된다. 일본 문화콘텐츠의 특징을 단박에 통칭하는 용어로서 'J'가 타자에 대한 주류의 인준이면서 주류의 인준에 대한 타자의 자부심이었던 것처럼, 'K'도 불균질한 욕망이 '부딪치며 공존하는' 장소가 된다.

그런데 오늘날의 한류, 이른바 'K-컬처'의 초국적 범람은 점진적으로 더 복잡한 함의를 품게 된 것처럼 보인다. 일단 '한류'에 대한 서구권의 최근 번역 행태를 보면, 'Korean Wave'보다 'Hallyu'라는 표현을 훨씬 더 빈번하게 쓰고 있다. 글로벌 보통명사로서 'Hallyu'는 'K'가 더욱 선명한 성격으로 브랜드화되었음을 시사한다. 한국 문화콘텐츠가 주류 바깥의 한 가능성에서 주류 내부의 주도적 경향으로 부상하기에 이른 것이다. BTS와 봉준호, 그리고 최근 〈오징어 게임〉 열풍 등으로 표상되는 '한류 4.0' 시대에 와서는 'K'의 초석을 이루는 소프트파워가 달라졌음을 이해해야 한다. 이제 'K'는 한국 문화콘텐츠 산업과 대중문화 개별 영역의 가치와 수준을 규정하는 선험적 브랜드가 되었다. 그로부터 'K-팝', 'K-드라마', 'K-툰', 'K-뷰티', 'K-푸드' 등과 같은 용어가 태어났고, 이러한 호명은 초국적 담론장에서도 익숙한 표현이 되었다. 요컨대 글로벌 엔터테인먼트 산업계와 콘텐츠 소비시장, 순발력있게 재편되는 팬덤의 세계 내에서 'K'는 다양한 갈래로 상상적 지형도를 그리고 있다. 이질적인 콘텐츠의 내용과 특성, 가치를 묶는 보편으로서 'K'가 존재한다는 믿음. 그것은 'K-'라는 수사가 유관 콘텐츠 영역으로 확산되는 데 강력한 동인이 되고 있다.

이제 맨 앞의 첫 문장보다 앞서 품었던 질문을 공유하고자 한다. 그렇다면 K-무비[2]는 존재하는가. 이 물음은 상상으로 빚어진 한국영화의 글로컬리티(glocality)가 현상으로 가시화되었느냐에 대한 탐색을 요청한다. 지금부터 K-컬처의 여러 지류들을 톺아보면서, 그리고 그 이면에 놓인 다른 결의 욕망을 훑으면서 'K-무비/한국영화'의 현재와 그다음 순간을 더듬어보기로 한다.

2
현상으로서 'K-'

'K', 'K-'를 오남용하는 이들의 내면에서 과장된 긍지와 상상적 도취의 혐의를 발견할 때가 있다. 때로는 왜곡된 '국뽕'의식, 곧 건강한 국가적 자부심(national pride)의 수준을 한참이나 벗어난 자위적 허위의식을 대면하곤 한다. 그 근원적 이유 중 하나는 생각보다 단순한 데 있다. 우리는 국가의 물리적 테두리와 신화적 형제애(fraternity)가 작동하는 단일민족으로서 상상적 테두리가 일치한다는 신화 속에 살아왔다. 혈연에 의해 맺어진 국가 구성원으로서 '우리'가 존재한다는 상상이 오랜 세월 강화되어 온 것이다.

일찍이 앤더슨(Benedict Anderson)은 민족이나 민족성 개념이 문화적 인공물(cultural artefacts)로서 경험되는 것이라고 말한다. 겔너(Ernest Gellner)는 더 진지한 표정으로 "민족이 없는 곳"에서 필요에 따라 민족이 발명되는 것임을 지적한 바 있다. 애착과 귀속을 낳는 민족 공동체에 대한 상상이 정치적으로 발명된 것이거나 근거가 불충분한 굴절된 관념일 수 있다는 것이다.

앤더슨의 견해대로, 오늘날 K-컬처를 표상하는 인공물(문화콘텐츠)은 '하나의 민족으로서 우리'라는 관념을 강화하고 있다. 이 관념은 한류를 국가적 자부심으로 소비하는 문화를 폭발시키고 있다. 많은 한국인에게 한류는 국가주의 혹은 대문자로 체감되는 민족주의(Nationalism)로 연결되는 우월적 구성품의 총합이다. 그들 중 일부는 왜곡된 쇼비니즘 (chauvinism)으로 한류를 만끽하며 폭력성을 내재한 나르시시즘에 빠지기도 한다. 그들의 인식과 태도는 호혜적 상생 한류를 가로막는 내부의 적이 아닐 수 없다.

주지하다시피, '국뽕'이란 표현은 '국가+히로뽕'을 의미하며, 과장된 긍지, 왜곡된 자부심의 문제성을 환기시킨다. 그런데 국뽕으로 한류를 소비하는 이들의 자부심 기저엔

---

2) 현장에선 'K-무비'와 'K-시네마'라는 용어가 혼용되고 있지만, 이 글의 성격을 고려할 때 'K-무비'라는 표현이 적합하다고 판단된다.

불안을 품은 열등감이 존재한다고 한다면 과장일까. 여기서 '불안을 품은 열등감'은 역설적이게도 우월적 지배의 욕망, 점유와 수익의 논리를 정당화하는 힘으로 작동되곤 한다. 미리 말하지만, 오늘날과 같은 전면적인 자본주의 사회에서 점유와 수익의 논리는 생활 의지에 가깝다. 프레드릭 제임슨(Fredric Jameson)의 말대로 자본주의 체제의 종말보다 세계의 종말을 상상하는 것이 더 쉬운 시대다. 그러나 한류를 국뽕으로 소화하는 이들과 K-컬처를 우월적 지배와 점유, 단기 수익 극대화의 수단으로만 여기는 이들이 서로를 부축한다면 그것은 작은 문제가 아니다.

1990년대 중반 이전까지 한국 영화, 드라마, 대중음악 등이 세계시장에서 열광적 호응을 얻어낼 것이라 생각한 이는 많지 않았을 것이다. 그러나 1990년대 중후반을 지나면서 한국 문화콘텐츠의 흥행 가능성이 중화권을 중심으로 확인되자 경제적 부가가치 창출을 향한 불균질한 욕망이 득세하기 시작한다. 잘 알려진 대로 2000년대 들어 〈겨울연가〉와 〈대장금〉 같은 드라마는 'K'의 브랜드화에 결정적 기여를 한 동시에, 유관 문화콘텐츠 산업으로 수익 창구가 확대될 수 있다는 사실을 확인시킨다. 보아, 동방신기와 같은 양성형 K-팝 아이돌들은 일본, 중국을 넘어 인상적인 반응을 얻어낸다. 그러면서 'K'는 수출을 통한 점유와 기대수익 제고를 가능케 하는 기표가 된다. 한국 국적의 문화콘텐츠 품질에 대한 신뢰의 상징이 된다.

그러나 K-콘텐츠의 성장 배면에서 무수한 부작용을 확인하는 건 어려운 일이 아니다. 유사한 이미지로 복제된 아이돌 상당수는 수명 주기가 매우 짧은 유행 상품으로 매대(무대)에서 쉬이 밀려났다. 신데렐라 증후군을 앓는 K-드라마는 '출생의 비밀'과 같은 자극적인 컨벤션의 유혹에서 오랫동안 헤어나지 못했다. 이처럼 한류 2.0 시대로 불리는

2000년대 후반에 이르기까지 경제적 부가가치 창출을 위한 중단기적 접근이 한류 콘텐츠의 매력도를 떨어뜨리는 문제를 노출했다. 해외 시장에서 흥행 잠재력이 확인된 트리거 포인트(trigger point)를 집중적 · 반복적으로 공략하는 기획이 한류의 확장성과 지속성을 누그러뜨리는 결과를 불러온 것이다.

그런데 2010년대 이후 한류 3.0 시대가 도래하면서 일정한 변화가 나타난다. 그 무렵부터 한국인의 라이프스타일을 포함한 K-컬처 전반이 재평가되기에 이른다. 한식, 한복, 한옥과 같은 전통문화와 고유예술의 영역에까지 세계인의 관심이 확장된다. 이 과정에서 K-콘텐츠를 기획 · 생산하는 진영도, 수용 · 소비하는 진영도 한류에 대한 더 성숙한 태도, 성찰적 입장을 견지하기 시작한 것으로 보인다. 글로벌 무대에서 광범위하게 공유될 수 있다는 것을 전제로, K-콘텐츠의 내용과 형식, 질료에 대한 고민이 더 세련된 결과물을 내놓게 된다.

당시 일각에서는 일본 애니메이션을 '저패니메이션', '아니메'라고 명명했던 상황과 유사한 상황이 벌어졌다고 말했다. 인도의 영화산업이 '발리우드'라는 독자적 호칭으로 불리는 것처럼, 우리의 문화산업 전반도 고유한 위상을 갖게 되었다고 자평했다. 그러나 한류 3.0 시대부터의 K-컬처의 대외적 영향력은 K-드라마, K-팝과 같은 일부 문화콘텐츠의 수출 규모에 의존하지 않는다. 앞에서도 언급했지만 한류(韓流)라는 한국식 발음에 기초한 'Hallyu'가 자연스럽게 통용되는 상황은 더 의미심장하다. 한국의 문화를 구성하는 불균질한 콘텐츠가 우호적 군집명사로 차별화되었다는 사실을 시사하기 때문이다.

이제 성공한 K-콘텐츠에 의해 한류가 호명되는 게 아니라, 선재하는 한류 브랜드의 수혜를 받아 한국 국적의 콘텐츠 가치가 고평가 받는 시대다. 한류 파워를 활용해 개별 문화콘텐츠를 'K-'로 엮어가려는 기획도 훨씬 전략적으로 실천된다. 사후적으로 보면, 한류 3.0 시대의 가장 극적인 순간을 보여주는 싸이의 〈강남스타일〉 흥행 역시 같은 맥락에서 해석될 수 있다. 전례없는 인기를 얻은 〈강남스타일〉 뮤직비디오는 한국어를 모르더라도 즉각적인 호오반응을 일으킬 수 있는 B급 댄스와 퍼포먼스로 꽉 차 있다. 이때의 'B급'은 퀄리티의 수준을 말하는 게 아니라 선택한 취향과 스타일을 의미한다. 돌이켜보면, K-팝의 개성과 퀄리티는 그 전부터 일정한 신뢰를 받고 있는 상황이었다. YG 엔터테인먼트는 글로벌 메인스트림의 비좁은 틈새를 비집고 들어갈 무기로 '계산된 B급'을 선택한 것뿐이다. 그래서 〈강남스타일〉의 역사적인 흥행은 현장지향적인 기획의 승리, 영리하게 고안된 전략의 기적이다.

BTS의 성공으로 상징되는 '한류 4.0' 시대의 K-콘텐츠는 훨씬 더 높은 수준의 성공, 초국적 흥행 가능성에 대한 믿음을 안고 태어난다. 이제 일부 K-콘텐츠는 글로벌 메인스트림에서 메가 트렌드를 창조 · 주도할 수 있다는 확신 속에 국경을 넘나들고 있다.

과거에 비해 더 광범위한 점유, 더 높은 수익에의 자신감을 깔고 기획되고 있다. 이에 대해서는 BTS를 키워낸 하이브가 미국 초대형 레이블 이타카 홀딩스를 인수한 장면을 떠올려도 좋을 것이다.

그렇다면 '불안을 품은 열등감'의 문제, 곧 왜곡된 국뽕 현상도 잦아들었을까. B급 스타일을 차용하거나, 메인 스트림의 기존 콘텐츠를 흉내내지 않고서도 한국 문화콘텐츠 산업 전반이 'K'의 색깔을 만들어내고 있다는 것은 분명 고무적인 일이다. K-컬처에 대한 세계인의 이해도와 선호도가 매우 높아져 있다는 사실 자체를 굳이 폄하할 필요도 없다. 그럼에도 치열한 글로벌 경쟁무대에서 시시각각 바뀌는 입지에 따라 불안감이 일렁이는 흔적은 쉽게 발견된다. 대결적 민족의식의 한쪽 귀퉁이에 자신을 엮고, 다른 한쪽 끝에 한류 브랜드를 연결해 놓고 살아가는 이들이 다수 존재하는 한, 불안이 엿보이는 담론장의 연장은 숙명이다. 그저 '불안을 품은 열등감'과 '불안을 품은 우월감'이 수시로 자릴 바꿀 뿐이다.

3
공백으로서 'K-무비'

이제 한국영화를 따로 떼어놓고 이야기하려 한다. 코로나19는 한국영화의 객관적 실태를 확인시키는 거대한 충격이었다. 코로나19가 확산되기 바로 직전, 봉준호의 〈기생충〉이 칸에서 황금종려상(2019)을 받고, 아카데미에서 작품상, 감독상 포함해 4관왕(2020)을 달성했다. 우리는 한국영화의 위상 제고와 비약적인 발전의 계기가 마련됐다고 자평하고 있었다. 세계적인 언론과 권위있는 평단에서도 한국영화 전반에 대한 재평가의 분위기가 일었고 해외 시장에서 한국영화에 대한 관심이 수치로 나타나고 있었다. 연간 영화관을 찾는 총 관객 수가 3억 명에 도달할 것이라고 말하는 지인도 있었고 국내 영화관에서 한국영화 점유율이 60%를 넘는 수준으로 유지되리라는 예측도 허황된 말은 아니었다. 2019년에 5편의 천만 영화가 탄생한 것을 근거로 향후에는 연간 천만 영화 편수가 두 자릿수가 되는 것은 아니냐고 말하는 이도 있었다. 〈기생충〉의 쾌거는 한국영화사 100년의 결실(2019년 칸의 황금종려상)이자 100년의 시작(2020년 아카데미 4관왕)처럼 공유되었고, 우리는 한국 영화산업 전반의 잠재력이 폭발할 수 있는 티핑 포인트(tipping point)에 근접했다고 믿었다.

그러나 코로나19를 통과하는 중, 한국영화계의 연약한 기반이 드러났다는 목소리와 함께 위기와 갱신의 담론이 폭넓게 축적되고 있다. 영화산업만의 물리적 특수성이 있다고 하더라도, K-콘텐츠 중 코로나19의 타격을 가장 크게 입은 분야가 영화라는 점은 매우 심각하게 되새겨야 한다.[3] 2020년 상반기 자료를 근거로 보면, 만화나 게임은 전

FESTIVAL DE CANNES

행복은 나눌수록 커지잖아요

송강호 이선균 조여정 최우식 박소담 장혜진

기생충

2019 봉준호 감독 작품 | 5월 30일 대개봉

년 동기 대비 매출이 오히려 상승했다. 출판, 음악, 애니메이션, 영화 등의 매출이 하락했는데 그중 영화는 가장 큰 폭(54.2%)의 손실을 입었다. 팬데믹 상황에서 디지털 스트리밍 문화에 수월하게 연동되는 콘텐츠들은 오히려 적잖은 수혜를 입기도 했다. 다양한 플랫폼에서 K-콘텐츠에 관한 데이터 트래픽도 오히려 증가한 것으로 관측된다. 특히 CDN(Contents Delivery Network) 인프라가 매우 안정적인 국가에서는 최근 원천 IP로 각광받고 있는 한국의 만화·웹툰, 이른바 K-툰의 수익이 늘고 있다. K-게임 역시 작금의 사태에 반사 이익을 받으면서 해외 수익에 있어서 제 몫 이상을 해주고 있는 상황이다.

수출액 규모 면에서도 영화는 대표적인 K-콘텐츠 중 최하위다. 게임, 캐릭터, 음악, 방송, 출판, 애니메이션, 만화에 밀릴 뿐만 아니라, 절대적 수치에서도 만화의 절반에도 미치지 못할 정도다. 이러한 계량적 결과가 〈기생충〉이 전 세계 극장에서 약 2억 6천만 달러의 수익을 거두고, 북미 시장에서 엄청난 흥행(역대 외국영화 4위)을 기록한 직후의 집계라는 사실은 매우 충격적이다. 가까이에서 확인 가능한 장면을 말하면, 영화관 중심의 관람문화에 급격한 균열이 발생한 것을 절감하게 된다. 한국영화계의 경우 영화관 매출이 전체 매출의 75%를 상회(2019년 기준)한다는 점에서 지금의 국면이 매우 위험스럽게 느껴진다. 투자심리의 위축, 제작 계획의 무산, 개봉 라인업의 붕괴, 그리고 그와 함께 당도한 텅 빈 영화관 풍

---

3) 영화를 비롯한 K-콘텐츠에 대한 수치는 다음 두 글을 참고했음을 미리 밝힌다. 김경만, 「세계 최정상에서 맞이한 변화와 충격」, 『한류백서 2020』, 한국국제문화교류진흥원, 2021, pp.56-81; 김성훈, 「한국영화 생태계의 변화」, 『21세기 한국영화: 웰메이드 영화에서 K-시네마로』, 앨피, 2020, pp.231-284.

경은 '영화의 미래'에 대한 우려의 목소리를 양산하고 있다. 팬데믹 상황이 한국영화계의 고조된 열기에 찬물을 끼얹은 것을 넘어 급속한 냉각기를 불러온 것이다.

물론 한국영화계의 세부 지층을 훑어보면, 손 쓸 수 없는 절망적 장면만 있는 건 아니다. 양가적으로 해석할 수 있는 다양한 장면도 목격된다. 글로벌 OTT 시장의 확장과 로컬 OTT 플랫폼들의 부상으로 새로운 곳에서 콘텐츠 수요가 확대되고 있다. 공급망이 다각화되면서 디지털 스트리밍을 전제로 한 양질의 콘텐츠에 대한 요청이 늘고 있는 것이다. 그 연장선에서 보면, 영화관을 중심으로 한 산업구조는 N스크린 시대에 적응하기 위한 목적에서 재편이 불가피해진 것으로 보인다. 영화관 스크린은 이제 일상 도처에 놓인 다양한 휴대용 스크린들과 경쟁해야 하는 상황이 되었다.

한편 수출 편수만 단순하게 놓고 보면, 그 수효가 늘었다는 데에도 주목해야 한다. 이는 〈기생충〉 효과와 N스크린 시대의 전면적 도래가 빚어낸 예외적인 결과다. 수출된 영화 목록을 보면, 지난 20여년 간 제작된 다양한 한국영화 이름이 발견된다. 확장된 OTT 시장의 콘텐츠 수요를 기존 작품들이 감당하고 있는 것이다. 이를테면 한국영화아카데미 시절, 실기작으로 만든 봉준호의 〈지리멸렬〉(1994)까지 대중에게 '대중적으로' 서비스되고 있는 실정이다. 유념할 것은, 기존 작품들이 저가에 팔려나가고 있는 현 상황이 한국영화 산업의 장기적인 성장을 담보해주지 않는다는 사실이다.

각종 영화제들이 정상적으로 개최되지 못하고, 필름마켓이 제 기능을 발휘하지 못하는 상황은 전 세계가 함께 겪고 있는 초국적 악재다. VFX를 포함한 기술 서비스 부문의 계속되는 수출 부진이 눈에 띄지만, 이 역시 한국만의 불행은 아닌 것으로 보인다. 상대적으로 특수한 위기요인을 말하자면, 기술 인력의 해외 진출이 급격하게 줄어든 것을 직시해야 한다. 중국 정책당국의 K-콘텐츠에 대한 배타적 규제, 이른바 한한령(限韓令)이 지속되고 있는 것도 큰 문제다. 이로써 한국영화 산업은 경제적 난국을 타개할 가장 확실한 활로 하나를 잃어버린 상황이다.

그럼에도 팬데믹 이후, 영화관이 급속도로 문을 닫을 것이란 일각의 견해엔 동의하지 않는다. 다만 지금이 발 빠른 대응을 해야 할 일종의 '골든 타임'이라는 생각이 든다. 이제 OTT 플랫폼을 통한 영화 개봉을 '우회 개봉'이라고 표현하는 관습은 사라질 것이다. 글로벌 무대를 주무르는 OTT 플랫폼들의 경쟁구도는, 일국적 체제 안에 놓인 영화산업의 영역들을 해체시킬 것이다. 전 세계를 포괄하는 서비스망이 기술적 리스크를 줄여갈수록 콘텐츠의 국적은 상당 부분 희석될 것이다. 넷플릭스 역사상 최고 흥행작이 된 〈오징어 게임〉은 그에 대한 구체적이고 결정적인 방증이다. 그에 따라 영화관 체험의 맥락과 의미, 방법 등이 서서히 변화될 수밖에 없을 것이다. 이는 선제적으로 대처해야 할 시급한 사안이다. 기존 영화산업의 생태계와 가치사슬은 여기저기에 균열이 왔고, 이제 과거로의 완전한 복귀는 불가능하다.

4
전망으로서 'K-무비'

앞장에서 'K-무비'라는 용어 대신 한국영화라는 표현을 썼다. K-콘텐츠 중 영화만을 따로 떼놓고 보면, 아직 'K-'라는 명칭으로 연결될 수 있을 만큼 고유한 브랜드화에 도달하지 못했기 때문이다. 냉정하게 말해 한국영화는 지난 20여 년 이상 K-컬처 붐을 주도했던 K-드라마와 K-팝, K-게임과 같은 위상을 확보했다고 보기 어렵다. 'K-무비'라는 용어는 그에 합당한 내용이 부족한 상황에서 구호만 앞선 선언이거나 습관에 기댄 수사에 가깝다. 그럼에도 본 장에서는 한국영화에 대한 희망을 담아, 또 그것이 K-콘텐츠 중 하나라는 편의적 인식을 받아들여 K-무비라는 표현을 사용하고자 한다.

빌보드 차트를 통해 K-팝의 확산 정도를 가늠하는 태도에 일정한 문제가 있다는 것을 안다. 서구권의 전통과 기준에 따라 K-팝의 비등한 영향력을 확인받으려는 의지에 왜곡된 욕망이 자리할 가능성이 크기 때문이다. 그럼에도 빌보드 차트에서 K-팝 분야가 독립 장르로 명시된 장면(2011년)은 시사하는 바가 크다. K-팝이 '인터내셔널 뮤직' 중 하나가 아니라 독자적인 위상을 확보했다는 작은 증거는 될 수 있기 때문이다. 그러나 글로벌 영화산업 무대에서 K-무비는 여전히 '월드시네마'의 한 경향으로 언급될 뿐, 분명한 자기 정체성으로 변별되지 못했다. 인구수에 비해 영화시장의 규모가 세계적인 수준인 것은 사실이지만, 세계 시장을 선도하는 작품들이 많은 것도 아니다.

더 직관적으로 이 사안을 설명할 수도 있다. 2021년 8월 말 현재 BTS는 14주 연속 미국 빌보드 '핫 100' 상위 10위권에 이름을 올리고 있다. 심지어 BTS의 〈버터〉는 2021년이 시작된 이래 세계 도처에서 발표된 곡 중 빌보드 차트 1위를 가장 많이 차지한 곡이다. 그 때문에 BTS 음반의 산업적 가치를 영화에 견주어 설명한다면, 마블 시네마틱 유니버스(MCU)에 속하는 일련의 블록버스터 슈퍼히어로물 정도로 말할 수 있을 것이다. 이처럼 K-무비는 한류를 선도해온 여타 K-콘텐츠보다 고유한 위상을 가졌다고 보기 어렵다.

개인적인 기억을 더듬어보면, 한국 드라마가 중화권에서 한류를 형성해갈 무렵, 한국영화는 이제 막 '방화'라는 딱지를 떼 가던 상황이었다. 할리우드 직배영화와 경쟁해야 한다는 두려움 앞에서 '불안을 품은 열등감'이 여러 곳에서 가시화되고 있었다. 그때 세간에 영화산업의 경제적 가치를 주지시킨 표현이 있다. 〈쥬라기 공원〉 한 편이 벌어들인 수익이 한 해 동안 현대자동차 150만 대를 수출해서 얻은 수익과 같다는 말이 바로 그

것이다. 이 말에는 점유와 수익을 목표로 한국 영화산업을 육성해야 한다는 진취적(?)인 목소리가 담겨 있다. 당시 영화인들은 안으로는 스크린쿼터제 사수를 위한 집단행동에 나서는 한편, 밖으로는 당시 정권의 비전에 발맞춰 영화를 통해 '문화산업 5대 강국'에 도달해가자고 외치고 있었다. 이러한 구호들은 표면적으로 다른 요구와 욕망을 드러내는 것처럼 보인다. 그러나 '불안을 품은 열등감'에 뿌리를 드리우고 있다는 점에서는 동질적이다. 이 '불안을 품은 열등감'은 〈쉬리〉를 만든 동력 중 하나였고 〈친구〉의 흥행에 지대한 영향을 끼쳤다. 이후에도 국산 천만 영화 탄생의 배경에서 보이지 않는 압력으로 작동되었다고 본다.

   그렇다면 〈기생충〉의 쾌거는 '불안을 품은 열등감'이 '불안을 품은 우월감'과 자리를 바꾸는 변곡점이 될 수 있었다. 아마도 팬데믹이 들이닥치지 않았다면 우리는 K-무비의 산업적·예술적 잠재력을 더 분명히 확인했을 수도 있다. 지금과 같은 성공을 안정적으로 이어갈 수 있을지에 대해선 불안했겠지만, 희망 섞인 기대를 내놓는 데 주저할 필요는 없었을 것이다. 그러나 지금 영화인들은 영화와 더불어 '어떻게 생존할 것인가'의 문제를 놓고 씨름하고 있다. 이것은 주워 담을 수 없는 사태이고, 눈을 감는다고 해서 감춰지지 않는 현실이다. 복잡다단한 문제들이 한꺼번에 쏟아졌지만, 아직 근사치의 해답이라고 여겨지는 혜안을 만나보지 못했다. 여러 영화 관련 기관과 영화인들이 가능한 대안을 내놓았지만, 자신감이 결여된 경우가 많았다.

지금부터 써내려갈 개인적인 제언도 구체적 해답이나 큰 목소리를 낼 만한 대안은 아니다. 그럼에도 희망을 담아 K-무비에 관한 전망에 기반한 몇 가지 논점들을 공유하고자 한다.

첫째, 이미 말한대로 영화관 체험의 방법과 질이 변해야 한다. 대형 스크린과 고정 좌석을 중심으로 물리적·정신적 제약이 상존하는 환경, 콘텐츠 향유의 자율성이 극히 제한된 올드미디어 콘텐츠라는 편견을 넘어설 수 있는 방안들이 강구될 필요가 있다. 잠재적 수용자의 인식과 감각이 바뀌고 있다는 데에서 힌트를 얻어야 한다. 영상콘텐츠 향유에 관한 라이프스타일의 변모 속도는 무서울 정도다. 호모 커넥투스가 추구하는 편리한 '접속' 문화에 부응하지 못하면 이제 영화는 영화가 아니고, 음악도 음악이 아니다. 활자 출판의 한계 안에 존재할 것으로 여겼던 소설조차도 '스트리밍 서비스+구독 경제' 문화 안에서 존재 형식을 궁리하고 있다.

둘째, 향유자 주도의 디지털 콘텐츠 생태계에 대한 대응이 요청된다. 대중예술이 디지털 콘텐츠화되면서 수용자는 향유의 속도와 빈도에 대한 자기 주도권을 점점 더 이양받을 것이다. 디지털 콘텐츠는 기술환경의 변화를 민감하게 흡수하면서 향유자의 잠재 욕망을 발 빠르게 실현시켜 왔다. 디지털 콘텐츠 소통 환경만 놓고 보면, 월드와이드웹의 등장이 1차 물결이었을 수 있다. 그리고 스마트폰의 등장과 모바일 문화의 확장이 2차 물결이었을 것이다. 지금을 3차 물결로 규정한다면 AI와 사물인터넷 등과 같은 이미 익숙해진 4차 산업혁명의 생활세계 침투 현상으로 설명될 수 있을 것이다. 잠재적 영화 소비자들이 누리고 있는 영화 바깥의 경쟁자들로부터 새로운 생태계 조성에 관한 아이디어를 얻을 필요가 있을 것이다.

셋째, 할리우드 문법 수용을 통한 반사체로서 영화에 머물러선 안 된다. 기술적·기교적 데시변화(desi makeover)를 넘어선 확실한 개성이 필수다. 팬데믹을 전후해서 OTT 플랫폼이 더욱 대중화되어 수용자들의 눈높이는 상향 평준화된 지 오래다. 이제 사람과 자본, 매체와 테크놀로지가 절충하는 장에서 '민족'이나 '국가'라는 관념은 거의 희미해졌다. 전혀 다른 성격의 스크린들 안에서 영화와 드라마 사이의 경계도 지워져 버렸다. 더군다나 한국의 영화 수용자들은 가장 주도적으로, 또 순발력 있게 콘텐츠를 소비하는 부류에 속한다. 할리우드에서도, 넷플릭스가 주도하는 글로벌 OTT 무대에서도 매우 중요한 테스트베드에 해당한다. K-무비라는 명칭에 어울릴만한 에스닉 콘텐츠의 길을 찾아야 한다.

〈오징어 게임〉의 세계적인 흥행 앞에서 내가 한국인이면서 한류공동체의 한 구성원이라는 자각을 동시에 했다. 만약 비약적인 자긍심에 휩싸여 〈오징어 게임〉과 나의 국적이 같다는 사실에만 취했다면, 한류의 지속과 확산에 그리 긍정적인 역할만 했을 것

같지 않다. 이제 한류를 생각할 때, 국가적 자부심이 만든 상상적 신화를 넘어 공통의 취향과 기호, 가치 아래에서 역동하는 향유 공동체의 호혜적 환류 가능성을 생각해야 한다. 그 과정에서 새롭게 도래할 한류 5.0 시대에는 K-무비가 상생 한류를 열어가는 첨병이 되었으면 좋겠다.

초-국가(Ultra-Nationalism)[1])와 초국가(Transnationalism)[2])사이에 놓인 OTT 서비스

지승학 (영화평론가)

'다른 세상'이라는 의미는 무엇일까? 지구와 화성은 다른 세상일까? 한국과 미국은 다른 세상일까? X세대의 세상과 MZ세대의 세상은 다른 세상일까? 아니면 영화와 소설은 다른 세상일까? 더 나아가서 유튜브와 페이스북은 다른 세상일까? 인스타그램과 틱톡은 다른 세상일까? 넷플릭스와 디즈니플러스는 다른 세상일까?

한 가지 확실히 알 수 있는 건 적어도 OTT(Over the top) 서비스 플랫폼의 경우, 특히 OTT 서비스와 밀접한 관계가 있는 '플릭스패트롤'(Flixpatrol)[3])만 보더라도 알 수 있듯이 정찰(patrol) 아니면 장악 혹은 정복이라는 식의 일종의 전쟁 용어, 아니 어쩌면 국경(國境)을 견고히 하려는 용어들을 자주 언급하고 있다는 사실이다. 이로 미루어 보아, OTT 서비스는 어떤 국가주의(Nationalism)를 그대로 드러내고 있는 것은 아닌지 의심하게 된다. 실제로 디지털 영상의 생태적 의미에서의 전염, 확산, 변이 등과 같은 특징은 코로나 바이러스를 연상해도 좋을 만큼 초국가적이어서 아주 말이 안 된다고도 할 수 없다. 마르틴 졸리(Martine Joly)가 언급했던 '전이-이미지'(image-métastase)는 결국 국가의 경계를 붕괴시킬만한 바이러스와 같은 영상의 출현을 예언한 말은 아니었을

---

1) 초-국가주의(Ultra-Nationalism); 국수주의(國粹主義)로 번역되지만 극단적 민족 우월주의에 대한 반대 개념으로 'Transnationalism'을 언급하기위해서 '초-국가주의'로 사용하고자 한다. 따라서 본 고에서는 번역 상 같은 형태를 갖는 '초국가주의'(Transnationalism)와 차이를 두기 위해서 이 용어에는 '하이픈'을 사용하기로 한다.
2) 초국가주의(Transnationalism); 국가 간 상호 문화교류적 성향을 의미하는 사회현상 용어로서 국제적 실제를 중요하게 여기는 정치 이념의 용어인 탈 국가주의(post-nationalism)와 구분된다. 본 고에서는 번역 상 같은 형태를 취하는 '초-국가주의'(Ultra-Nationalims)와 구별하기 위해서 '하이픈'을 사용하지 않는다.
3) 플릭스패트롤은 넷플릭스 등 OTT 플랫폼에서 공개되는 영상 컨텐츠의 국가별 순위를 따질 목적으로 만들어진 웹사이트이다. https://flixpatrol.com

까. 이런 의심은 네트워크 시스템 덕에 훨씬 더 실질적으로 부각된다. 그렇게 영상은 국경을 무시하는 바이러스 같은 전염의 성격을 본성상의 특질로 지닌 채 화려하게 다시 태어난다.

이렇게 생각해도 하나 이상할 것 없는 영상의 힘은 OTT 서비스의 힘과 함께한다. OTT 서비스는 이른바 전이-이미지의 특질을 보장해주는 플랫폼이기 때문이다. 이 서비스 덕에 영상은 국경을 초월하여 복잡하게 얽힌 이해의 맥락이나 기억과 경험을 풍요롭게 해주는 콘텐츠가 된다. 특히 이 콘텐츠는 풍요로운 이해와 개별적인 경험의 시간을 '공통된 상상계'로 바꿔주기도 하는데, 그런 면에서 보면 지금의 영상 콘텐츠는 과거 성당 벽화가 추구해온 목적을 계승하여 전략적으로 완성한 궁극의 메시지가 되었다고도 생각할 수 있다.

1
OTT 서비스와 인간성의 재규정

OTT 서비스는 주지하다시피, 기존 전기전파를 초월한 형태의 미디어 콘텐츠 전송 서비스를 말한다. 이는 국가 간 협의를 통해 나누거나 확보해야 하는 '전파자원'과는 다른 형태로서, 모든 컴퓨터를 한 통신망으로 연결하는 인터넷을 기반으로 하고 있다는 점에서 집단적 차원이냐 개별적 차원이냐의 문제로 나누어 볼 수 있는 문제이기도 하다.

따지고 보면 '자원'이라는 말로 언급되는 것에서도 알 수 있듯이 전파는 주파수 분배를 통해 국가 간의 이권이 대립하는 현물이라고 규정할 수 있다면, OTT 서비스는 사용자의 국가 정체성이나 개인의 정체성을 문제 삼지 않는, 아니 삼을 수 없는 이른바 '포스트 내셔널리즘'(post nationalism)의 차원으로 작동하는 비-현물이라고 볼 수 있다. 하지만 여기에서 우리가 다시 주목해야 하는 것은 OTT 서비스의 특징과 국경의 문제를 어떻게 긍정적으로 연결시킬 수 있는 가이다. 왜냐하면 향후 OTT 서비스에 의한 영상 콘텐츠는 국가적 차원의 문제들이 지속적으로 대립하는 환경에 노출될 수밖에 없기 때문인데, 분명한 사실은 이를 '다른 세상'으로 규정하는 국경의 문제로 인식하기보다 개방성의 차원으로 보는 편이 훨씬 더 유익하다는 것이다.

이를테면 기존의 영상은 문학적이고 영화적인 상상과 이를 유발하는 서사와의 끝없는 상호성 속에서 논의되어 왔다면 이제 영상 콘텐츠는 '인간성(Personhood)'이라는 전-지구적 보편성의 문제로 개방되었기 때문이다. 그래서인지 영상 콘텐츠는 새롭게 규정되어 가는 인간성을 촘촘하게 반영하는 시대의 거울 혹은 흔적으로 나타나기 일쑤다. 또한 영상 콘텐츠가 인간성의 흔적들을 반영하는 거울 혹은 흔적인 한, 이는 언제나 꽤 충격적인 방식을 통해 우리들을 깨달음의 영역에 던져놓기도 한다.

예를 들어 세계인권선언문에서의 인간성 문제는 기존 국가에서 규정한 시민의 의미를 혁파하는 것에서부터 시작할 수밖에 없었는데, 그 이유는 국가가 인간성을 얼마나 참혹하게 다룰 수 있는지를 2차 세계 대전 중에 경험했기 때문이다. 그 중에서 쇼아(shoa) 즉 유대인 학살의 절박한 사진 증거들은 초-국가적(Ultra-Nationalism)인 우경화 문제에서 초국가적(Transnationalism)인 교류의 문제로 인간성의 문제를 시급히 전환시킨 그야말로 가장 극적인 계기를 마련해주기도 했다. 그래서일까. OTT 서비스에서 종종 찾아 볼 수 있는 전쟁 드라마나 전쟁 다큐멘터리는 이런 사실들을 말없이 뒷받침하고 있는 증거처럼 보이기도 한다.

2
영상과 말의 상호 표상적 관계: 'e-Ekphrasis'(에크프라시스)

물론, 초-국가에서 초국가로 전환하려는 포스트 내셔널리즘 양상에 한계가 없는 것은 아니다. 봉준호 감독이 말한 것처럼 넘어야할 '1인치의 장벽'이 상징하는 필연적 경계는 존재할 수밖에 없기 때문이다. 하지만 나는 이것을 '말'(verbal)의 문제로만 국한시키고 싶지 않다. 영상 콘텐츠는 '비언어(non-verbal)'를 오히려 더 많이 체화하고 있기 때문이다.

만약 '1인치의 장벽'을 말의 문제(엄격히 말하자면 '자막' 즉 문자이지만 영상 콘텐츠에서 작동한다는 점에서 자막은 '말'을 대체한다)로만 한정한다면 거기에 전적으로 기댈 수밖에 없는 '대사'(dialog)는 결국 모든 문제의 원흉이 돼버린다. 이야기의 근본을 해치는 이런 결론에서 벗어나기 위해서는 오히려 영상과 말의 상호보완 관계 속에서 콘텐츠는 더욱 강력해지는 것이라고 이해 해볼 필요가 있다. 이를 위해서 '1인치의 장벽'은 영상과 말의 연합을 통하여 극복될 수 있는 것이며 더 나아가 어떤 관념을 풍요롭게 드러낼 수도 있는 것이라고 바꿔 생각해야 한다. 고대 수사학에서부터 강조해온 '에크프라시스'(Ekphrasis)는 영상과 말의 이러한 풍요로운 상호 표상 성을 절묘하게 강조하는 개념으로서, 예컨대, 말하는 사람은 장소나 건축물을 묘사(말) 할 때 듣는 사람에게 그 곳을 돌아다니는 경험을 주어야 하고, 풍경이나 그림을 묘사한다면 그것을 직접 보고 있는 경험으로 만들어 주어야 한다는 생각을 담고 있다. 이는 말하는 사람과 듣는 사람의 경험을 에크프라시스를 통해 세공(細工)하여 풍요로운 공통 경험으로 바꿔주는 것이라고 바꿔 말할 수 있다. 에크프라시스는 말이 선행되는 균형의 힘이라는 점에서 영상이 선행되는 지금의 콘텐츠를 완벽하게 대체할 수 있는 절묘한 개념이라고 할 수는 없지만 이유와 방식이 어떠하든, 어떤 '장벽의 제거'를 목표로 하고 있다는 점에서는 같다고 할 수 있다. 그러고 보니 OTT 플랫폼의 영상 콘텐츠 역시 경험 세공의 문제를 통해 공감의 해석과 정화된 기억에 개입하여 공통된 상상계를 제공할 수 있다는 측면에서 보면 디지털 시대의 'e-에크프라시스'라고도 할 수 있을지도 모르겠다.

3
공통된 상상계의 양면성

OTT 서비스의 대표 격인 넷플릭스에서 2019년 공개된 〈블랙썸머〉에 등장하는 한국인 캐릭터는 번역 투의 어설픈 한국말을 쓰지 않고 실제 살아있는 한국어를 사용한다. 한국인이 등장하여 진짜 한국말을 구사하는 일은 그저 한국인 캐릭터의 등장이라고 해서 반겨만 하기에는 그 의미의 차원이 다르다. 잘 알려져 있다시피, 이 드라마에서 등장하

는 '경선'(크리스틴 리)이라는 캐릭터는 한국어를 쓰지만, 외국인을 위한 자막이 따라 붙지 않을뿐더러, 스토리 전개상 한국어를 알아듣는 사람도 설정해 두지 않는다. 관객이 한국인이라면 한국인이라서 이 언어를 알아듣게 되겠지만 이 드라마의 시청자층이 전 세계 인이라는 점에서 볼 때, 아니 포스트 내셔널리즘적 세상이라고 볼 때 이 언어는 오히려 암호에 가깝다.

하지만 여기에서 눈 여겨 보아야 할 점은 말과 이미지들 사이의 상호작용이 공통된 상상계를 이끌어 낼 수 있다는 사실의 경험이다. 암호 같은 한국어 대사는 청각적 감각과 뒤섞이고 서사의 전개는 시각적 충격과 뒤섞인다. 언어로써 소통하는 것이 아니라, 그 과정상의 여러 상황을 통해 소통할 수 있게 되는 것. 전혀 알

아들을 수 없는 각자의 언어가 서로를 가로 막고 있다고 하더라도 상황이 공감의 해석과 정화된 기억에 개입하게 되면 어떻게 공통된 상상계가 되는지 이 드라마는 똑똑히 보여 준다.

그럼에도 불구하고 여기에도 한계는 있다. 공통된 상상계가 허구의 세계와 연동되어 있기 때문이다. 이를테면 경험과 허구가 교차하는 좀비물에서 재현되는 공통된 상상계는 '생존'이라는 강렬한 환영(幻影)의 본능만 남겨 놓을 뿐이라는 것이다. 허구에 의한 공통된 상상계는 너무나 극단적일 때가 많아서 우리의 의식을 단번에 장악하고는 한다. 게다가 그 허구는 종류도 다양해서, 정치 문화에서의 우월적 자만심이 그 자리를 차지할 때도 있다. 영상에서 재현된 허구적 상상계는 사실 생각의 마비(痲痺)를 목적으로 한다. 마비는 바르트가 말한 신화성을 강화한다. 설득처럼 보이지만 실상은 강압에 가까운 그 신화성 말이다. 영상적 재현에만 기대면 이 강압적 힘의 유혹에서 자유로울 수 없다. 여기에서 벗어나려면 말과 영상의 균형점을 찾으려 지독하게 노력해야한다. 이것에 성공하면, 다시 말해 어디에도 치우치지 않은 공통된 상상계를 말과 영상을 통해 제공할 수 있게 되면 전 세계인의 시선을 끌 수 있는 기회, 즉 자극을 매력으로 바꿀 타이밍을 잡게 된다. OTT 서비스로 접하게 된 한국 드라마의 괄목할만한 성공은 그 찬스를 잘 잡은 덕분이다.

4
K-컬처?

그러나 지금까지의 논의에 따라서 K-컬처, K-무비, K-드라마, K-팝을 다시 생각해 보면 포스트 내셔널리즘의 속성과는 다소 거리가 먼 얘기처럼 들린다. 국가 정체성, 민족 정체성을 초월한 세상 속에서 'K'라는 의미는 특정 국가, 즉 '한국'을 보란 듯이 강조하고 있기 때문이다. 게다가 앞서 언급했다시피 영상과 말의 성공적인 상호 표상이 공통된 상상계를 이끈다는 전형적인 이론적 주장은 한국 컨텐츠의 성공가도를 충분히 설명한 것이라고 볼 수 없다. 한국 컨텐츠는 완결 된 것이 아니라 현재진행 중인 탓도 크다.

그래서 주목할 만한 문구 하나. "너의 신체 중에서 가장 추한 부분을 잘 관찰하고 거기에 집중하여 너를 교정하라." 내가 보기에 레오나르도 다빈치의 이 말은 여전히 진행 중인 한국 컨텐츠의 'K'라는 상징성을 가장 잘 설명하는 그의 고귀한 지침으로 읽힌다. 말하자면 이렇다. OTT 서비스가 변화시킨 초국가적 영상 콘텐츠 중 'K'가 붙은 장르는 적어도 자신의 추함을 드러내어 자기 성찰의 에너지로 삼으려 한다는 것. 그러니까 'K'가 붙은 컨텐츠는 자신, 그것이 국가적 문제이든 민족적 문제이든 정말 나의 문제이든 이를 똑바로 마주한 채 그 성찰의 힘을 창조적 힘으로 바꾼 세련되고 매력적인 콘텐츠라

는 인식을 심어주어야 한다는 것이다. 이를 위해서는 스스로의 치부를 드러내어 정화하려는 노력에 더해 초국가적 차원의 새로운 인간성을 성찰하여 더욱 가열 차게 교정, 발전시켜야 한다. 그렇게 하면 K-컬처의 '지역성'(vernacular)4)이 제 아무리 강하다 하더라도 그것은 단점이 아니라 오히려 새롭고 매력적인 콘텐츠의 재탄생을 이끌어내는 자양분으로 작용하게 될 것이다.

최근 넷플릭스에서 공개한 오리지널 콘텐츠 〈D.P.〉와 〈오징어 게임〉은 다빈치의 그 지침에 가장 가깝게 다가서 있는 콘텐츠라고 할 수 있다. 먼저 〈D.P.〉는 국민의 의무로서 징집에 응해야하는 한국의 제도 속(지역성)에 무의식처럼 자리 잡고 있는 스스로의 치부를 드러내어(추한 부분을 잘 관찰하기) 이를 성찰의 에너지로 전환하려는 의도(창조적 힘)가 고스란히 드러나 있다. 마찬가지로 〈오징어 게임〉 역시 한국적 정서에 기댄 유년기 시절 놀이 문화 위에 신체(장기)마저 상품으로 바꿔 버리는 자본주의의 어두운 단면을 하나 씩 덧씌워서 스스로를 비판 대(게임 장소) 위에 냉정하게 세워 둔다. 이런 장점은 향후 K-무비에도 그대로 선순환하게 될 것을 감안하면 K-컨텐츠의 가장 강력한 화력이 되고도 남을 것이다. 봉준호 감독과 정이삭 감독은 바로 그러한 성찰의 실천이 순수하면 순수할수록 제 아무리 지역적 특색에 불과하더라도 세계적인 메시지가 될 수 있다는 사실을 영화로써 증명해내지 않았나. 그러므로 'K'는 'Korea'의 'K'가 아니라 '한국적 eKphrasis'(에크프라시스)의 'K'여야 한다. 지역적인 것이 세계적인 것으로, 독백적인 것이 웅변적인 것으로, 자극적인 것이 매력적인 것으로 전환되는 에크프라시스의 힘이 K-컬처의 재생산 방식이기 때문이다.

---

4) 언어학적으로 이 용어는 지역어 즉 '사투리'를 의미하지만, 여기에서는 고립된 문화임을 강조한다.

5
나가는 말

문제는 이런 방식을 어떻게 완전히 보장할 수 있느냐는 것이다. 여전히 기득권과 결탁한 언론계의 악습적 관행이나 이웃 국가들의 문화적 참패는 그 힘을 잘못 쓸 경우 어떻게 되는지를 잘 보여주고 있기 때문이다. 사실 어느 나라든 경색되어가는 국수주의적 경향은, 특히 OTT 플랫폼 상에서는, 일종의 문화적 몰락을 가져온다. 사실 이런 현상은 동전의 양면처럼, OTT 서비스가 국가를 어떻게 유혹하다가 어떻게 내칠 수 있는지를 잘 보여주는 사례라고도 할 수 있다. 그러므로 K-컬처는 그 플랫폼의 유혹, 그러니까 공통된 상상계를 손쉽게 확산, 전이시킬 수 있다는 치명적인 유혹을 강력하게 견제하면서, 동시에 새로운 인간성 규정의 문제에는 더 강력한 성찰의 힘으로 다가갈 줄 아는 콘텐츠로 거듭나야만 할 것이다. 'K'를 Korea의 우월성이라고 오독하거나, 일시적 성과에 도취돼버리기만 하면 주변국의 문화적 몰락을 우리라고 고스란히 뒤따르지 말란 법이 없기 때문이다. 그러니 레오나르도 다빈치의 지침을 꼭 다시 명심하기로 하자. 초-국가적(Ultra-Nationalism)인 우경화의 문제를 초국가적(Transnationalism)인 교류의 문제로 완전히 패러다임 전환(paradigm shift)시킬 수 있는 것은 바로 이 지침 안에서만 가능하기 때문이다. 그러면 K-컬처의 차별성은 국수주의적 차원의 정치화된 콘텐츠와 달리, 정치적 우경화에 저항하는 동시에 자기 성찰의 힘을 창조의 힘으로 끊임없이 바꾸려는 소위 저항 정신에서 찾을 수 있게 될 것이다. 그래. 민주화 운동의 핵심처럼 들리는 이 장점은 e-Ekphrasis의 세상에서도 여전히 고유의 그 빛을 잃지 않고 있었다.

한류 영화에서 K-Movie로의 전환

김시무 (영화평론가)

한국영화의 물결이 거세다. 이른바 K-Movie의 흐름이 심상치 않은 것이다. 이제 한국 영화의 영문표기를 Korean Cinema라고 쓰는 것보다는 K-Movie라고 쓰는 것이 훨씬 자연 스럽게 되었다. 그에 따라서 한국배우를 K-Actor & K-Actress로, 한국 감독을 K-Director 라고 부르는 것도 국제적인 현상이 되었다. 우리는 K-Movie의 흐름을 그 이전에 유행했던 한류(韓流)의 연장선상에서 이해할 수 있다. 영어로 한류를 Korean Wave라고 표기한다. 이 용어는 1990년대 후반 중국 언론매체에서 처음 쓰인 이후 널리 퍼졌다고 한다.

한양대학교 손대현 교수는 자신의 저서 『손대현의 재미학 콘서트』에서 "문화는 교 역(交易)이라기보다는 교류(交流)이다. 국제간의 쌍방향 문화교류에서는 어디까지나 문 화가 먼저이고 경제는 나중이다."라고 전제한 후 "본디 문화는 그 잡종성을 생명으로 하 기 때문에 다양한 문화와 교류를 맺어 문화신대륙을 발견해야 우리의 문화가 더 멀리, 더 크게 뻗어 나갈 수 있을 것이다."라고 결론을 내린다. 한류의 지속적인 흐름을 위하 여 반드시 음미해야 할 대목이라 하겠다.

그렇다면 한류의 원류(源流)는 언제부터인가? 논자마다 다소 차이가 있다. 혹자는 1990년대 후반 HOT, 클론, 안재욱 등 한국 가수들의 해외 활동으로 촉발되었다고 본 다. 또 다른 평자는 2000년 이후 드라마 및 영화로부터 비롯되었다고 본다. 영화의 경 우 강제규 감독의 〈쉬리〉(1999년)가 당시 사상 최고의 흥행기록을 세우면서 이듬해 2000년 일본에서도 크게 히트를 치면서부터 한국영화의 존재감이 드러났다는 것이다. 이후 2000년 〈엽기적인 그녀〉〈여친소〉〈내 머리 속의 지우개〉 등이 일본을 위시로 하 여 동남아 각국에서 큰 호응을 받으면서 한류영화 또는 영화한류가 부각되었다는 것이 다. 그러나 엄밀히 말하면 한류의 원류는 따로 있었다. 1980년대 일본에서 크게 활약했 던 대(大)가수 조용필과 이연자 등을 빼놓고 한류를 말할 수는 없다는 것이다. 비록 그 당시 한류란 용어는 통용되지 않았지만 말이다. 여기서는 한류를 주도했던 영화와 영화 인들을 먼저 살펴볼 것이다.

기획특집 | 보편과 특수의 경계 속 'K': K-MOVIE의 정체는 무엇인가?

드라마의 경우는 2003년 4월 배용준과 최지우 주연의 〈겨울연가〉가 NHK 방송 (정확히는 BS 위성채널)에서 방영된 후 반응이 좋게 나타나자 그해 12월 재방영에 들어가 15%의 시청률을 기록하면서 본격적으로 한류드라마가 논의되었다고 본다. 어쨌든 그 후부터 일본에서도 한류(韓流)란 말이 본격적으로 통용되기 시작한 셈이다. 우리의 관심사는 영화이기에 일본에서 높은 흥행성적을 기록한 한류영화의 면면을 먼저 살펴보기로 하자.

지난 2020년 봉준호 감독의 〈기생충〉이 일본에서 개봉되어 호평과 함께 한국영화 최고 흥행작(매출 40억엔)으로 등극하기 전까지는 이재한 감독의 〈내 머리 속의 지우개〉(2005년 개봉)가 부동의 1위였다. 손예진과 정우성이 주연을 맡은 이 멜로영화는 당시 30억엔의 흥행수익을 올렸을 정도로 인기가 많았다. 다음은 역시 손예진과 배용준이 주연을 맡은 〈외출〉이 2위 자리를 차지했다. 흥행수익은 27억엔이었다. 허진호 감독의 야심작 〈외출〉은 이중불륜을 다루었다고 해서 일단 제작이전부터 화제를 모았었다. 그러나 국내 개봉 당시 쌍방 불륜이라는 파격적 소재에 걸 맞는 러브신 등이 빈약하여 알맹이 없는 드라마라는 비판을 받기도 했으며, 흥행성적도 그리 좋지 못했다.

　　하지만 일본에서의 상황은 달랐다. 일본에서 한창 주가를 올리고 있던 두 남녀배우의 출연이 결정적 흡인요인이었다. 일찍이 최고 한류스타의 입지를 굳힌 배용준이 이 작품에 전격 캐스팅 되었을 때부터 일본 영화팬들을 겨냥하여 만든 일종의 기획영화라는 설이 파다했다. 어쨌든 그 기획은 멋들어지게 성공을 거둔 셈이다. 배용준은 그 여세를 몰아 다시 〈태왕사신기〉라는 사상 최고 개런티의 TV 드라마로 또 다시 일본 팬들의 마음을 휘어잡았다.

　　일본 내 한류영화 흥행 3위를 차지했던 〈여친소〉의 경우도 국내 흥행은 기대 이하였다. 〈여친소〉의 전작이랄 수 있는 전지현 주연의 〈엽기적인 그녀〉의 신선함에서 한발작도 벗어나지 못한 유사한 내용 탓에 국내에서는 평가가 그리 좋지 못했지만, 일본에서는 호의적으로 받아들여졌다. 한국 CF계의 영원한 신데렐라인 전지현의 매혹에 일

본 팬들이 빠져든 결과였다. 4위부터 6위를 차지한 〈쉬리〉〈태극기 휘날리며〉〈공동경비구역 JSA〉 등은 이미 국내에서도 엄청난 흥행스코어를 올린 작품들이기 때문에 일본에서의 선전(善戰)도 어느 정도 예상된 것이었다. 각각 9위와 10위에 랭크된 〈누구나 비밀은 있다〉와 〈달콤한 인생〉은 모두 이병헌이 주연을 맡았는데, 국내에서의 흥행은 참패였다. 그럼에도 불구하고 일본에서 높은 성과를 거둘 수 있었던 것은 전적으로 '본사마' 이병헌의 힘이라고 밖에는 설명할 길이 없다.

이밖에 11위 〈실미도〉(5.5억엔)와 12위 〈엽기적인 그녀〉(4.9억엔)가 있다. 이 같은 사례들만 보면, 남자배우의 경우 배용준과 이병헌의 한류 공로가 특히 두드러지고, 여자배우의 경우 단연 손예진과 전지현이 돋보인다. 한석규의 공로도 무시할 수 없다. 그가 출연한 〈8월의 크리스마스〉(국내 흥행은 중간 정도였으나 일본에서 리메이크됨)와 〈이중간첩〉(국내 흥행참패) 등이 일본에서 좋은 성적을 거둔 것이다. 이렇게 봤을 때 10여년 전 한류의 중심은 일본이었다고 할 수 있을 것이다.

이제 판도가 바뀌었다. 일본을 위시로 하여 동남아를 휩쓸었던 한류가 이제 K-Pop의 승승장구와 더불어서 유럽과 미국으로 흘러 넘친 것이다. 그래서 한류영화도 K-Movie로 탈바꿈을 했다.

봉준호 감독의 〈기생충〉(Parasite)이 지난 2020년 2월 9일(현지시간)에 열린 제92회 아카데미 시상식에서 최우수 작품상을 비롯하여, 감독상, 각본상, 그리고 국제장편영화상(외국어영화상)을 휩쓸며 세계영화사의 새로운 한 페이지를 장식하게 됐다. 이로써 K-Movie의 위상을 세계 무대에 떨치

게 된 것이다. 〈기생충〉은 이미 그전에 열린 제72회 칸영화제에서 한국영화 사상 최초로 황금종려상을 수상했고, 프랑스 개봉 최초 100만 관객도 돌파했다. 2010년 제63회 칸영화제에서 이창동 감독의 〈시〉가 각본상을 수상한 이후 9년 만의 쾌거였다.

지난 2019년부터 북미 상영에 들어갔던 〈기생충〉은 미국 관객의 호응을 받으면서 박스오피스 상위권에 진입했으며, 아카데미 수상결과에 힘입어 향후 1억 달러 이상의 흥행수입도 보장받았다. 이처럼 외국 관객들이 〈기생충〉에 열광했던 이유가 도대체 무엇일까? 빈부격차의 계급이라는 '보편적 주제'를 다루었기 때문이라고 말하는 것은 너무 단순한 견해다. 부잣집에 가난한 운전기사나 파출부가 고용되는 것은 일반적 소재일 수 있지만, 운전기사, 파출부, 미술선생, 과외교사 모두가 알고 봤더니 한 가족이라는 설정은 매우 이례적이고 특수한 설정이다. 픽션에서나 가능한 얘기라는 것이다.

흑과 백, 넘지 못할 선은 없다.

봉준호 감독 작품

기생충 : 흑백판

송강호 이선균 조여정 최우식 박소담 이정은 장혜진 박명훈

아무튼 꼭 짚어 이거라고 할 수는 없겠지만, 외신 반응을 보면 "몰입감 있는 스토리 전개와 예측을 불허하는 결말처리"가 외국 관객들이 이 영화를 재미있게 감상한 포인트가 아닐까 싶다. 요컨대 이 영화는 기존 장르영화의 관습에 익숙한 미국 관객들에게 매우 신선한 이야기로 다가갔다는 것이다. 장르영화에 정통하면서도 기존 장르의 관습으로는 설명할 수 없는 '봉준호 식 장르'야말로 그들에게 새로운 영화적 체험을 선사하기에 충분했던 것이라 하겠다. (황영미, 김시무 공저, 『봉준호를 읽다』. 솔출판사, 2020년. 참조)

봉준호 감독의 〈기생충〉의 열기가 채 식기도 전에 정이삭 감독의 〈미나리〉(Minari, 2020)가 전 세계 영화계의 화제의 중

심으로 떠올랐다. 지난 2021년 3월 3일 국내 개봉한 이 영화는 최종 관객 수 1백13만 4천여 명으로 집계되었다. 이 영화가 주목을 받게 된 것은 지난 2020년 선댄스영화제에서 드라마틱 경쟁부문 심사위원 대상과 관객상을 받으면서부터였다. 이후 이 영화는 크고 작은 각종 국제영화제에서 호평을 받으면서 국내 흥행에서도 탄력을 받게 되었다. 그렇다면 이 영화의 어떤 점이 이 작품으로 하여금 지난해 국제적 K-Movie 열풍을 일으켰던 〈기생충〉에 이어 또다시 아카데미의 본상 수상에 이르도록 했는가 하는 점이 궁금해질 수밖에 없다.

본격적인 논의에 들어가기에 앞서 이 영화의 국적(國籍) 논란부터 짚고 넘어갈 필요가 있을 듯싶다. 이 영화가 제78회 골든글로브 시상식에서 미국영화가 아니라는 이유로 작품상 후보에는 오르지 못한 채 대신 외국어영화상 수상작으로 선정됐기 때문이다. 주최 측은 영화의 상당 부분의 대사가 한국어라는 이유를 들어 작품상 후보에서 배제시켰다고 했는데, 궁색하기 짝이 없다.

영화 〈미나리〉는 브래드 피트(Brad Pitt)가 대표로 있는 영화제작사인 플랜 비(Plan B)가 제작을 맡았고, 교포인 정이삭(Lee Isaac Chung) 감독이 연출을 했다. 따라서 이 영화는 소속상 미국영화다. 결국 〈미나리〉는 할리우드 영화의 시스템 속에서 한국적 정서와 이야기를 담아낸 전형적인 K-Movie라고 하는 것이 정답일 듯싶다.

정이삭 감독은 2006년 〈문유랑가보〉(Munyurangabo)라는 영화로 데뷔를 했는데, 이 영화가 칸영화제 주목할만한 시선에 오르면서 화제의 인물이 되기도 했다. 르완다에서 벌어진 후투족과 투치족 간의 살육현장에서 펼쳐지는 두 친구에 관한 이야기다. 문유랑가보와 상그는 절친한 친구인데, 둘은 살해된 부모의 복수를 위해 함께 길을 떠난다. 하지만 상그는 중도에 포기하고 귀향을 하고, 문유랑가보 홀로 자신의 길을 재촉한다. 결국 이러한 엇갈린 행보를 통해 두 사람은 자신들의 과거를 되돌아보고, 그들 앞에 놓인 공포심을 극복하고 증오를 뛰어넘는다는 것이 영화의 중심 얼개다. 이후 정감독은 〈럭키 라이프〉(Lucky Life, 2010), 〈아비가일 함〉(Abigail Harm, 2012), 〈아이 해브 신 마이 라스트 본〉(I Have Seen My Last Born, 2015) 등의 작품을 연출했다. 〈미나리〉 이전에 이미 만만치 않은 내공을 쌓았던 것이다.

이 영화는 지난 4월 25일 치러진 아카데미 시상식에서 작품상과 여우조연상 등 주요 부문의 후보에 올랐는데, 극중 순자 할머니역을 맡은 배우 윤여정이 여우조연상을 수상함으로써 K-배우의 한 정점을 찍게 되었다. 전도연이 지난 2007년 제60회 칸 국제영화제에서 이창동 감독의 〈밀양〉에서 신애를 열연하여 여우주연상을 수상한 이후 K-배우로서는 14년 만의 쾌거였다. 윤여정은 영국 아카데미영화상(BAFTA), 미국배우조합상(SAG), 아시안필름어워드(홍콩), 아시아태평양 스크린어워드(호주), 고섬어워드(고섬 독립영화상), 인디펜던트 스피릿 어워드(미국 독립영화상), 새틀라이트상(국제비평가연맹), 몬트리올 판타지아 영화제(캐나다), 팜스프링스 국제영화제(미국), 시체스 국제영화제(스페인), 시네마닐라 국제영화제(필리핀) 등에서도 수상을 함으로써 배우로서 최고 전성기를 구가하게 됐다.

최근 전 세계적으로 인기몰이를 하고 있는 시리즈물 〈오징어 게임〉(Squid Game)의 감독인 황동혁도 봉준호 감독을 잇는 K-감독의 후발주자다. 이 시리즈물의 인기 덕분에, 판권을 갖고 있는 미국 동영상 스트리밍 서비스 업체인 넷플릭스의 주가도 사상 최고치를 기록했다고 한다. 앞으로 K-Movie의 그쪽 쏠림현상이 가속화될 거라는 일부의 우려 섞인 목소리도 있지만, 일단은 긍정적으로 보는 시각도 많다.

　　사실 K-감독을 이야기할 때 반드시 거론해야 할 원로 감독이 있다. 정창화(鄭昌和, 1928~) 감독이 그 주인공이다. 정창화는 1967년 홍콩 쇼브라더스(Shaw Brothers)에 초청되어 홍콩에서 한국합작 액션영화를 여러 편 찍음으로써 한류영화의 선구자가 됐다. 그는 홍콩에서 〈천면마녀〉(1969)를 필두로 〈여협매인두〉(1970), 〈아랑곡〉(1970), 〈육자객〉(1971), 〈래여풍〉(1971), 〈천하제일권〉(1972)을 연출했다. 〈천면마녀〉는 유럽에 수출된 최초의 홍콩영화였다. 더욱이 〈천하제일권〉은 미국에서 〈죽음의 다섯 손가락〉(Five Fingers of Death)이란 제목으로 개봉되어, 첫 주 흥행 1위를 기록하는 기염을 토하기도 했다. 이후 정창화는 홍콩 골든하베스트사로 둥지를 옮겨 〈흑야괴객〉(1973), 〈영굴신탐〉(1974), 〈파계〉(1977) 등을 찍고, 고국으로 귀국했다. (『근현대 영화인 사전』 참조)

(4) 의미의 허상, 'K-좀비'가 지시하는 것

선한 통치를 향한 열망과 무력한 좀비, 그 익숙함의 역설1)

송아름 (영화평론가)

과연 좀비 앞 'K'를 로컬화로 해석할 수 있는가?

이곳저곳의 앞자리에 'K'라는 수식이 범람하는 지금, 유독 '좀비' 앞의 'K'는 그 의미 파악이 쉽지 않다. 특정한 범주가 아닌 구체적인 대상에 붙은 'K'가 낯선 탓도 있겠지만, 'K-좀비'라는 용어는 외래종 좀비가 완벽하게 'K 패치'된 듯한 인상을 주면서도 막상 특이점을 찾기 힘든 경계에 있기 때문이다. 해외에서 관심을 보인다는 여타의 'K'들에서 한국적 특징을 어느 정도 짐작할 수 있는 것과는 다르게 'K-좀비' 그 자체는 서구의 좀비들과 큰 차이를 꼽기 어렵다. 2000년대 초 독립영화 내부에서 등장한 특이한 좀비들을 지나2) 전형적인 좀비가 등장했던 〈부산행〉(2016)의 흥행 이후 이 용어가 부각된 것은 더욱 'K'의 의미 파악을 어렵게 만든다. 그럼에도 'K-좀비'는 '좀비'라는 괴물에게서 'K'의 의미를 찾을 수 있을 것이라는 믿음을 굳건히 했다. 좀비의 외적인 특징들, 즉 정교하면서도 기괴한 움직임을 보여준 것이나 기차에 매달려 쌓여가던 좀비 떼의 엄청난

---

1) 이 글은 유사한 문제의식을 바탕으로 ≪르몽드 디플로마티크≫의 '시네마크리티크'에 업로드 한 7월과 9월의 두 원고 「 'K-좀비'라는 환상과 오해, 그 거품의 허망함 - 〈반도〉」, 「통치자를 기다리는 좀비: 'K' 좀비의 익숙함과 보수성에 대해」를 확대하여 새로 쓴 것이다.

2) 필자는 2013년 논문을 통해 독립영화 진영에서 포착됐던 특이한 좀비들의 양상을 세대론적 관점에서 설명한 바 있다(「괴물의 변화: '문화세대'와 '한국형 좀비'의 탄생」, 『대중서사연구』, 대중서사학회, 2013.). 논문 제목에 '한국형'이라는 단어가 들어간 탓에 근래에 'K-좀비'의 부각과 관련한 질문들을 꽤 받았다. 그러나 논문에서 이야기한 '한국형 좀비'는 좀비가 주인공이 되는 독특한 설정과 그것에 부가된 세대적 감성을 설명하기 위한 용어로 K-좀비와는 거리가 있다. 논문에서 언급한 좀비들은 좀비가 주인공으로 등장하며, 이러한 설정으로 공권력의 폭력성을 폭로하고, 가족 안에서 위안을 찾는다는 설정을 바탕으로 했다는 특징을 지닌다. 이것이 가지고 있는 익숙함과 세대적 감수성을 가려 '한국형'이라 명명했을 뿐, 이 좀비들은 앞으로 설명하려는 메이저 영역에서의 'K-좀비'와는 분명하게 구분되며 전혀 다른 영역에 있다는 점을 미리 밝힌다.

속도와 파괴력을 굳이 찾아 'K-좀비'의 특징으로 꼽는 것은 그 간절한 바람의 결과일지 모른다. 그러나 굉장한 변별점인 것처럼 도출된 'K-좀비'의 강력함은 사실 오랜 기간 진화해 온 서구 좀비들에게서 이미 찾아볼 수 있는 것이었다. 좀비가 메인 스트림으로 등장하는 발판이 되었던 〈월드워Z〉(2013)에서 예루살렘의 벽을 향해 탑을 쌓듯 올라섰던 좀비 무리나, 〈새벽의 저주〉(2004) 등에서 인간을 추격하고 달려들던 좀비 등은 좀비의 외향에서 'K-좀비'의 특징을 찾아내는 것이 그리 큰 의미를 지니지 않는다는 것을 보여주었다.

먼저 짚고 넘어가자. 엄밀하게 한국에서 좀비가 메인 스트림에 올라섰다고 말하는 데에는 무리가 있다. 좀비를 등장시켜 크게 흥행한 작품은 〈부산행〉과 〈킹덤〉 시리즈 (2019-2020) 정도이며, 제작된 작품 수는 손으로 꼽을 만큼이었고, 몇 작품을 제외한다면 흥행과 평가는 참담한 수준이었다. 일단의 경향을 만들 수 없는 이 상황에서 당연히 'K-좀비'라는 용어로 호들갑 떠는 것은 어딘지 어색하다. 오히려 설득력 있는 것은 이용어 자체가 어떤 의미를 가진다기 보다, 해외에서 한국이 제작한 좀비 영화에 주목한 바로 그 시점부터 'K'를 확보해야 한다는 생각에서 나온 전략으로 보는 쪽일 것이다. 더 냉정하게 말하자면 'K-좀비'는 이곳에서 익숙치 않았던 괴물을 역수출 시킨, 그래서 '밖'의 관심을 끌어낸 상업적 성공에 대한 찬사와 기대가 집약된 용어 이상을 넘어서지 못한다. 꽤나 많은 이야기가 쏟아졌던 떠들썩함에 굳이 냉소적인 시선을 보낼 필요가 있을까 싶지만 이 용어가 너무나 빠르게 사그라들었다는 점, 일정 이상 규모의 좀비 공세라는 서구와 비슷한 유형의 작품들에서 힘을 발휘했다는 점 등은 'K'가 토착화된 무엇을 만들어내지 못한 채 용어로만 남았다는 것을 방증한다. 그럼에도 영화 수출의 확대, OTT를 통한 확산과 시청률 상위 랭킹, 유튜브에서 찾아볼 수 있는 각종 '해외 리액션 리뷰' 등은 한국 작품에서 뭔가 엄청나게 새로운 것이

튀어나왔다는 인식을 심어주기에 충분했다. 이는 좀비에 대한 한국만의 연출이 있었고 그렇기에 서구에서 신선하게 받아들였을 것이라는 쪽으로 시선을 돌리며 좀비에 주목하게 했지만 앞서 이야기한 것처럼 그리 타당한 답을 내놓지 못했다.

　　그러나 해외에서 주목한 것이 무엇인가 새로운 '좀비'의 '등장' 때문이라는 인식에는 한 가지 함정이 있다. 어딘가 다르다고 평가하는 것은 지극히 외부적 시선이 작용한 결과라는 점이 그것이다. 새롭다는 평가에 대해 다시금 새로움을 찾는 것은 우리에게 익숙한 무엇, 심지어 지겨운 것이었다고는 해도 이를 접하지 못했던 이들에게는 매우 신선할 수도 있다는 상대적 시선을 배제한다. 게다가 이 함정에 빠지는 것은 낯선 것에 대한 환호가 다양한 이유 때문일 수 있다는 가능성 역시 덮어 둔다. 좀비에 대한 갑작스런 관심이 작품의 우수성'만'으로 가능한 것이 아님에도, 전에 없던 주목은 이 작품이 '좋은' 작품이기에 부각되었다고 착각하게 만드는 것과 같은 이치이다. 물론, K-좀비라는 용어를 탄생 시켰던 작품들이 전혀 성취가 없었다고 말하려는 것은 아니다. 〈부산행〉은 과거 쇼핑몰이나 버려진 아파트와 같이 명확하게 분리된 공간으로의 피신을 넘어 밀폐된 기차라는 공간을 통해 좀비와 인간의 대결에 따른 공포를 극대화했다. 〈킹덤〉은 익숙치 않은 시대와 공간의 설정, 그리고 복식을 통해 좀비가 존재할 수 있는 새로운 배경을 선사했고, 무엇보다 첨단의 무기가 등장할 수 없는 곳에서의 전염체와의 대결을 그리며 상상하지 못한 장면들을 연출하기도 했다.

　　이 작품들은 기존 좀비 영화들에서 식상해진 설정을 강화하면서 고정된 컨벤션에 흥미로운 비틀기를 꾀했지만 이것이 특정 장르의 로컬화, 즉 'K' 영역만의 굉장한 특징인 것처럼 상찬하기에는 무리가 있다. 장르에서 컨벤션의 전환은 당연한 시도이며 괴물에게 주어진 배경의 로컬리티만으로 'K'의 의미를 부여하는 것은 비약이기 때문이다. 무엇보다 좀비가 점점 작품의 중심에서 밀려나고 관객들의 관심에서 멀어지는 상황에서도 좀비를 등장시키는 것만으로 'K-좀비'라 치켜세우는 것은 이 단어가 어떠한 실체도 없다는 점을 역설적으로 드러내는 것이기도 하다. 갑작스레 좀비에 대한 관심이 높아진 이후 한국에서 제작된 좀비 영화들은 좀비를 대상화시키고 인간과 직접적인 대결을 펼칠 수 없는 이들로 만들어버렸기 때문이다. 게다가 너무도 익숙한 구도 속에 매몰되어 버린 좀비는 지겹기까지 한 이야기 속에서 힘을 잃고 있었다. 빨리 부각된 만큼이나 빨리 힘이 빠져버린 용어인 'K-좀비'는 어쩌면 'K'라는 거대한 오해가 망친 것일지도 모른다.

서사 속 배치된 좀비, 그들이 잃어버릴 수밖에 없는 것

　　시야를 조금 넓혀보자. 좀비가 아닌 좀비 '서사'에 주목했을 때 서구 영화에는 등장하지 않지만, 한국 좀비 영화에서는 빠지지 않고 등장하는 설정은 무엇일까? 이는 좀비를 통해 무엇을 말하고자 하는가 라는 질문에 대한 답과 연결되는 것이기도 하다. 당겨 말하자면 한국에서의 좀비는 명확하게 그 발생의 기원이 설명된다. 누구로부터 혹은 어디에서부터 등장하는 좀비 바이러스인지가 제시되는 것이다. 조금은 싱거운 대답에 의아할 수도 있을 것이다. 분노 바이러스로 인해 좀비가 등장했다거나 정체 모를 실험에 의해 나타난 좀비들은 이미 서구에서도 낯선 일이 아니기 때문이다. 그러나 '명확하게 좀비가 나타난 이유'가 서사의 중심에 서는 것과 사고처럼 등장한 좀비들의 기원을 간단히 밝히는 것은 분명 궤를 달리한다. 좀비가 분명한 이유에 의해 출현했다는 것은 반드시 두 가지 서사적 물음, 즉 발생 시킨 저의(底意)가 무엇이냐와 이를 누가 · 어떻게 처단할 것인가라는 의문을 해소시켜야 하기 때문이다.

이제 좀비는 그 이유가 해명되어야 하는 질문을 던지며 이야기 속에 분명한 자리를 차지한다. 그렇다면 이제 좀비가 왜 탄생했는지, 그들은 어떠한 전사(前史)를 가진 이들인지, 그들은 어떤 특징을 지녔는지, 그리고 그들을 바라보는 비감염체 인간들은 그들을 향해 어떤 감정을 가지고 이 상황을 해결해야 할지, 해결할 이는 누구인지 등이 결정되어야 한다. 좀비가 나타나 인간과 대결을 벌인다는 매우 간단한 설정에서 벗어나 좀비와 이 상황을 목도하는 이들의 역할과 설정이 정해져야 하는 것이다. 그러나 좀비의 공격력을 포기하지 않는 범위에서 의식이 없이 인간의 살을 탐하는 괴물에게 역할을 주는 것은 불가능에 가깝기에 이 서사들은 우회로를 상정하는데, 그 경로가 앞서 말한 '싱거운 대답'처럼 보이는 '발생의 기원'이다. 괴물의 공격력을 가지고 있으면서도 그것과는 별개의 의미를 가질 수 있는 존재, 발생의 기원이 바로 이를 설명할 수 있는 것이다.

만약 어디선가 갑작스레 좀비가 나타났다면 좀비는 인간에게 완벽한 타자로 기능하며 없애야 할 괴물로 자리 잡을 수 있다. 서구의 좀비 서사에서 좀비를 처단하는 희열과 생존을 위한 인간의 강인함 등이 부각되는 것은 이 때문이다. 이는 좀비가 왜 나타났는지에 대한 이유가 가려졌기에 바로 돌입할 수 있는 설정이다. 영화 속 생존자에게 좀비는 그저 재난처럼 등장한 괴물체일 뿐이며, 관객 역시 인물들이 빨리 좀비의 약점을 찾아 처단할 것을 기대한다. 좀비가 소리에 민감하다거나 냄새에 반응한다거나 혹은 시력을 상실했다는 것과 같은 약점을 짚어내고 그것을 이용하여 좀비를 제거하는 것은 생존자의 궁극의 목표이다. '좀비 출현의 인지'– '공격과 방어'– '안전한 곳으로의 대피'– '남은 자들 사이의 갈등'과 같은 서구 좀비 서사의 기본적인 흐름은 바로 돌발적인 좀비의 출현에서 비롯된다. 살아남은 자들은 각각의 방식으로 좀비에 대응해야 하며 남은 사람끼리도 생존을 위해 다투어야 한다. 개인과 좀비와의 대결을 보여주기 위해 강력한 힘을 가진 집단이 등장하는 것은 영화의 쾌감을 생각했을 때 효과적이지 않다. 따라서 개인의 생존이 최종 목표가 되어버린 이 스토리에 그들을 도와줄 힘, 가령 국가가 등장할 자리는 없다. 서구의 좀비 영화에서 공권력의 등장은 사실상 서사의 종료를 의미하며,[3] 온갖 고생을 하는 동안 생존자를 지킬 수 있는 것은 자신 뿐이다.

그러나 누군가 혹은 무엇이 좀비라는 전염성이 강하고 죽여야만 제거할 수 있는 이 괴물을 출현 시켰거나 발생을 알면서도 용인했다는 것은 이를 덮은 이들에 대한 분노만큼이나 그 저의를 생각케 한다. 도무지 용납할 수 없는 이유로 많은 이들을 좀비로 만들었다면 이때의 좀비들은 단순한 괴물이 아닌 피해자이며 안타까움을 자아내는 존재가 될 수밖에 없다. 이러한 설정은 설사 좀비로 변한 이들을 잔인한 방식으로 죽인다고 해도, 그리고 서구의 좀비 영화들에서 등장한 것처럼 생존자들이 좀비의 특성들을 파악하여 대응한다고 해도 좀비를 없애는 행위가 최후의 결말이 될 수 없다는 점을 담보하는 것이다. 가장 중요한 것은 좀비를 발생시킨 그 '악랄한' 누군가를 찾아 없애는 것이며 이를 위해서는 좀비를 발생시킬 만큼의 힘과 욕망을 지닌 이와 대결할 수 있는 또 다른 인물이 필요해진다. 바로 여기까지 설명했을 때 우리가 떠올릴 수 있는 구조는 명확하다. 권력을 찬탈하려는 부패한 위정자의 술수와 이로 인해 희생당하는 민중들, 그리고 이에 분노하여 악행을 저지른 이를 없애고 질서를 바로 세우려는 영웅적 인물, 즉 부정한 정치인을 몰아내고 고통받는 민중들을 구원할 수 있는 바람직한 통치(자)에 대한 열망을 담은 지극히 정치적인 서사가 떠오르는 것이다. 이 익숙한 이야기의 틀은 한국에서 좀비가 어떻게 '이용'되었는지를 명확하게 보여준다.

---

3) 서구 좀비영화에서 군대 등의 공권력이 생존자들이 온갖 고생을 한 최후에 등장하거나, 설사 중간에 등장한다 해도 탈출하려는 이들을 선별하고 위기에 놓인 이들을 이용하는 식의 역할로 등장하는 것은 개인과 좀비의 대결을 중심에 두는 해당 장르에서 공권력은 불필요한 것이기 때문이다.

좀비라는 피해자와 그들을 구원할 너그러운 통치자

　　영화 〈창궐〉(2018)과 넷플릭스의 〈킹덤〉, 전염체와 괴물을 중심에 둔다면 영화 〈물괴〉(2018)까지도 매우 유사한 구조와 설정 속에 좀비나 괴물을 배치하고 통치를 이야기한다. 이 작품들에서 좀비는 부패한 이가 권력을 찬탈하려 죽은 자를 살리는 과정에서 혹은 부패한 조정의 무기 교역 과정에서나 민심을 교란시키려는 유언비어로 인해 출현한다. 왕위를 위해 죽은 자를 죽은 자로 두지 않는 것, 위험한 존재인 것을 알면서도 괴물을 이용하려는 탐욕은 권력욕의 극단을 보여주는 설정들이다. 삼엄하고 공간의 경계가 명확한 궁에서는 철저하게 관리되었던 이 바이러스는 아무도 보호해 주지 않는 자들 공간으로 넘어갔을 때부터 파괴적인 위력을 발휘하기 시작한다. 백성들의 공간에 넘쳐나는 병자들과 시체 더미, 그리고 좀비와 싸우며 스러지거나 감염되는 이들은 보호받지 못한 자들의 최후를 상징하며 쉽게 괴물이나 공격자로 인식되지 못한다. 무기가 없는 조선 땅에서 생존자들은 이 모든 상황을 해결해 줄 누군가에게 의지할 수밖에 없는 이들이며, 이 사태를 해결할 수 있는 누군가가 등장했을 때에야 안전해질 수 있다.

　　〈킹덤1〉의 설정들은 이를 매우 명징하게 보여준다. 〈킹덤1〉의 영의정 조학주(류승룡)의 탐욕은 왕의 죽음조차 허용하지 않는다. 철저한 계산에 의해 살려낸 왕은 피를 탐하고 조학주는 궁 내 하위 계층의 나인들을 왕의 먹이로 '공급'하면서 왕의 명줄을 이어간다. 이에게 궁궐 밖의 상황은 중요하지 않다. 자신의 권력이 궁극에 놓일 그 순간을 좇는 이에게 궁궐 밖 이들의 곤궁함은 생각할 필요조차 없는 것이다. 지율헌에서 좀비 바이러스가 퍼져나가는 것은 이러한 생각을 가진 이가 권력을 잡았을 때 어떤 일이 발생할 수 있는지를 매우 명확하게 보여준다. 백성과 완벽하게 분리되어 있던 좀비(왕) 바이러스가 퍼지는 것은 좀비로 인해 죽임을 당한 이의 시신을 아사 직전인 백성들이 끓여 먹는 것에서 비롯된다. 생존을 위해 먹어야만 했던 것이 감염체라는 설정은 약자의 처절한 위치를, 그렇기에 피해자는 늘 약자가 타겟이 될 수밖에 없음을 다시 한 번 상기시킨다.

　　백성들의 병을 돌보는 곳이지만 굶주림으로 죽어갈 이들이 모인 지율헌이라는 공간, 먹는 것으로 바이러스에 감염되는 설정은 부패한 위정자가 만들어낸 처참한 결과이다. 이 문제를 근본적으로 해결할 수 있는 방법은 사람을 향해 달려드는 이들을 처단하는 것이 아니라 궁에 있는 이들과 대응할 수 있는 힘을 지닌 이창(주지훈)이 나서는 것이다. 그는 궁궐 내 야욕에 염증을 느끼고 정치에 관여하지 않으려는 인물이지만 궁 내 이상한 분위기를 감지하고 밖으로 나가 유일하게 백성들의 상황과 대면하는 이이기도 하다. 동정이든 연민이든 그들의 안위를 걱정하는 그의 심성은 백성들을 구해내야 한다는 결심으로 성장하고 나아가 이 끔찍한 결과를 만들어 낸 이와 대적할 수 있는 인물이 된다. 안타까운 백성들을 구하기 위해 부패한 이를 처단할 수 있는 이가 유일하게 살아남아 대결을 펼치는 것은 〈킹덤〉의 좀비가 무엇을 위해 배치되었는지를 분명히 보여주는 것이다.

〈킹덤〉의 조학주와 이창의 관계와 성격은 〈창궐〉의 김자준(장동권)과 이청(현빈)과 정확히 맞물린다. 정치에 관심이 없으며 오히려 사대주의에 빠져 있던 이청은 백성들의 고통을 목도하고 좀비의 존재를 알면서도 막지 않았던 김자준과 대립한다. 철없던 왕자가 점차 모두가 바라던 통치자로 성장해 가는 길목마다 좀비로 변해버린 이들이 어떤 삶을 살아왔는지를 이해하려는 연민이 중심에 선다. 전에 본 적 없는 고통을 겪고 있는 백성들에 대한 안타까움은 이청이 김자준을 없애야겠다고 결심하는 가장 큰 이유이다. 〈킹덤〉의 이창과 〈창궐〉의 이청이 모두 배곯고 있는 이에게 자신의 육포를 나누어주는 에피소드가 포함되는 것은 이런 의미에서 매우 상징적이다. 조금씩 변화하며 성장하는 통치자가 가져야 한다고 믿는 포용력과 올곧은 심성이 바로 여기에서 드러나기 때문이다. 권력을 빼앗기 위해 왕을 제거하려는 방법으로 활용되는 좀비 바이러스와 낮은 곳을 향하는 전파력, 그로 인한 약자의 고통은 부패한 위정자를 부각시키기 위해 백성들을 좀비로 만들고, 이 과정의 잔인함을 깨달은 이는 연민과 동정을 품고 올바른 통치를 위해 악과 대립하여 승리한다. 이러한 서사적 흐름은 좀비가 아무리 강력한 모습으로 등장한다 해도 그 파괴력을 인간과 대립하는 것이라 보기 힘들다.

자본 속 약자들이 대면해야 하는 현실과 좀비라는 결과

현대로 배경이 옮겨온대도 이 구조가 달라지는 것은 아니다. 〈부산행〉의 프리퀄 〈서울역〉(2016)에서 한국의 메인 스트림으로 나아가는 좀비의 모습을 찾을 수 있다면 〈서울역〉에 등장한 좀비 바이러스의 숙주가 노숙자라는 것은 매우 상징적이다. 누구도 관심을 기울여주지 않는 자, 어디에 있든 그곳에서 숨을 쉬든 말든 관심을 기울이지 않는 자에게서 시작된 좀비 바이러스는 왕의 손길이 닿을 수 없는 조선시대의 백성들과 다르지 않다. 노숙자가 혼이 나간 듯 피를 흘리는 모습에 관심을 기울이는 것은 비슷한 처지의 다른 노숙인뿐이며, 그의 도움 요청이 쉽게 수락되지 않을 것이라는 점은 너무도 쉽게 예측 가능하다. 바이러스는 그들로부터 퍼져 나가고 이제 평범한 이들이 살고 있던 곳으로까지 잠입하며 사람들을 공격한다. 〈부산행〉에 처음 등장하는 젊은 여성 좀비는 이 〈서울역〉을 지나온 흔적이다. 노숙인으로부터 시작된 좀비 바이러스는 이렇게 〈부산행〉 열차에 올라탄다.

　〈서울역〉이 내놓는 마지막 카드는 현대로 온 좀비의 확장을 이야기하기 위해 주목할 필요가 있다. 좀비 떼 속에서 절박하게 딸을 찾는 아버지 석규(류승룡 목소리)는 강력한 부성으로 위험 속으로 뛰어들어 문제를 해결하려는 듯 보인다. 아버지와 함께 딸 혜선(심은경 목소리)을 찾는 남자친구 기웅(이준 목소리)은 이러한 석규의 모습에 그를 믿고 동행한다. 드디어 모든 위험을 넘어서 혜선을 발견한 순간 혜선은 석규를 보며 소스라친다. 자신이 집 나간 딸의 아버지라며 눈물까지 자아내며 읍소하던 석규는 억지로 혜선에게 빚을 지우며 쫓아다닌 포주였기 때문이다. 바로 이 마지막 장면은 현대 사회에서의 돈에 대한 소유욕과 광기가 좀비 바이러스를 불사할 만큼 강력한 것이며, 이 광기가 도사리는 곳에서는 이젠 너그러운 통치만으로 위기에 놓인 이들을 도와줄 수 없다는 것을 드러낸다.

　집을 나온 혜선은 기웅이 인터넷에 올린 사진으로 연결하는 조건만남으로 살아간다. 혜선은 진저리나는 이 상황을 벗어나고 싶지만 아무런 기반도 없이 살아가야 하는 지금 그나마 재화(財貨)로 쓰일 수 있는 것은 자신의 몸뿐이다. 이러한 혜선의 상황은 어떠한 돌봄도 보장받지 못한 채 던져졌던 조선의 백성들을 넘어 이제 돈이 있어야만 살아갈 수 있는 사회 속의 약자라는 설정이 부가된 것이다. K-좀비 '서사'에서 약자로서의 좀비라는 설정은 이렇게 확대된다. 조선시대의 백성과 현대의 노숙인과 혜선은 그런 의미에서 크게 다를 바 없지만 혜선이 겪어야 하는 혹독함의 강도는 더욱 세졌다. 통치만으로는 구할 수 없으며 오히려 그것과 대결까지 벌이는 자본의 잠식, 이것은 현대 사회에서 가장 거대하고도 깊은 약자를 만들어내는 체계적인 권력이다. 이러한 구조를 암시한 〈서울역〉의 좀비 이후, 〈방법: 재차의〉(2021)가 죽은 자의 부활이라는 소재를 활용하면서 외국인 노동자에게 눈을 돌린 것은 그리 이상한 일이 아니다.

　약자를 괴롭히는 가진 자의 탐욕은 〈방법: 재차의〉에서 다시금 약자의 극단적인 피해로 형상화 된다. TV 드라마 〈방법〉을 확장한 영화 〈방법: 재차의〉는 이미 죽은 자가 살인사건의 용의자로 지목되면서 이야기가 시작된다. 죽은 자가 다시 살아났다는 설정은 좀비와 유사하며 이렇게 살아난 '재차의'들은 마치 훈련을 받은 군인과 같은 움직임을 보인다. 그리고 그저 서 있는 모습을 바라보는 것만으로도 공포를 유발한 만큼 무감각하고 잔인한 모습을 한 이들은 과거 한 제약회사의 임상 실험 피해자들이었다는 것이 드러난다. 없어져도 문제가 되지 않을 이들을 모아 큰돈을 약속한 제약사는 부작용이 생기자 그들의 죽음을 묻어 버렸고, 외국인 노동자 중 한 명의 아버지이자 인도네시아의 주술사 두꾼은 그들을 살려내 사건과 관련한 핵심 인물들을 처단하며 사과를 받으려 했다는 것이 밝혀진다.

　약자들의 상황을 쫓아가는 언론인 진희(엄지원)의 정의로움은 바로 이 상황을 끝낼 수 있는 키가 된다. 돈을 벌기 위해 약자들을 희생시킨 기업의 만행에 대한 그의 고발은 돈으로 모든 것을 할 수 있고 돈이 없다면 모든 것을 잃을 수 있는 상황이 현실이라고는 해도 이것이 옳지 않다는 것을 끊임없이 말하려는 스피커의 역할을 한다. 결국 이 작품 역시 이 사회에서 옳다는 것은 무엇이며, 어떻게 실현되어야 하는가에 대한 문제의식을 재차의라는 희생양을 통해 보여주었다고 할 수 있다. 딱 집어 노숙자와 외국인 노동자로 피해자를 한정한 이 작품은, 마치 〈서울역〉이 그랬던 것처럼, 이 사회 어디에서도 도움 받을 일 없는 이들이 처한 현실을 극단적으로 보여준다. 그리고 아직은 이것을 해결해 줄 수 있을 것이라는 믿음은 공영 언론에서 이탈한 진희를 통해 실현되면서 배경이 바뀌었을 뿐 결국 이 작품들은 좀비를 통해 같은 메시지를 전달하고 있다.

익숙한 서사에 매몰된 좀비와 게으름이 만든 허명 'K'

이쯤에서 천만 관객을 모았던 영화들을 떠올려보자. 전쟁 중이든, 국가에 의한 비밀 훈련 중이든, 독재정권 치하에서 살아가야 하는 삶이든 간에 한국 영화가 굳이 욱여넣고야 마는 것은 약자의 고통과 이를 없앨 올바른 통치와 정의에 대한 기대이다. 가령 〈명량〉(2014)이나 〈변호인〉(2013)이 그려온 따뜻한 지도자에 대한 갈망은 이순신과 송우석을 무시하던 주류, 그들의 폭력성으로 고통받는 약자, 미처 깨닫지 못했던 자신의 능력과 신념을 관철시킬 비주류의 고집 등의 배치로 실현된다. 이는 정확히 〈창궐〉의 이청이나 〈킹덤〉이 이창이 놓인 위치와 같은 궤에 놓인다. 악에 대항해야 할 이들이 자신의 능력이자 의무를 미처 깨닫지 못했을 때 〈킹덤〉과 〈창궐〉의 백성들, 〈서울역〉의 노숙자나 혜선과 〈방법: 재차의〉의 외국인 노동자들은 괴물이 되어버린다. 괴물이 된 약자들로 현실을 토로했을 때 그것에 응답하는 안정적이고 진중한 통치자, 흥미롭게도 한국은 이 익숙한 서사이자 바람을 말하기 위해 좀비를 이용하고 있었다.

이 서사는 꽤 공감할 수 있는 이야기일지 모른다. 전지구적으로 빈부의 차가 극심해지고 정치적 보수화가 득세를 펼치면서 분명 평범하다고 생각했던 내가 어느새 약자의 대열에 들어섰다는 감각이 결코 낯설지 않기 때문이다. 사태에 대한 무책임함과 약자에 대한 무자비함에 대한 감각은 좀비화라는 현상으로 효과적으로 전달될 수 있으며 마치 새로운 이야기가 시작한 것처럼 보일 수도 있다. 그러나 힘을 잃은 좀비들은 그들을 구원할 이를 부각시키기 위해 영화 속에서 후경화 되면서 재난과 재앙으로서의 좀비에서는 당연히 멀어질 수밖에 없다. 〈부산행〉에서 K-좀비라는 용어가 만들어졌던 것이나, 〈킹덤1〉이 지루하다는 평을 받고 〈킹덤2〉에서 좀비와 인간의 대결을 길게 배치하며 '좀비 작품 같다'는 평가를 받은 것을 생각한다면 관객들은 힘 잃은 좀비로 전하려는 메시지보다 훨씬 강력한 장르적 쾌감에 대한 기대를 품고 있다는 것을 알 수 있다. 좀비의 공격 속에 던져진 인간들을 중심에 두었으면서도 좀비와 인간의 대결에 집중하지 못했던 〈반도〉(2020)나 느리고 둔감해 도무지 인간에게 위협적으로 보이지 않았던 〈#살아있다〉(2020)에 대한 관객들의 무관심은 이 쾌감이 결여된 작품의 말로를 보여주었다.

좀비는 인간의 이야기를 통해 존재한다. 실존하든 그렇지 않든 산 자와 죽은 자의 경계에 놓여 전염을 유발하고 죽음에 도달하는 생성, 전파, 제거의 방식에 이르기까지 이 모든 과정은 인간과 인간의 생사와 관계한다. 어떠한 욕망이 만들어 낼 수 있는 추악함, 갑작스런 전염과 전파가 보여주는 인간의 나약한 정신과 육체에 대한 조롱, 생존을

위해 타인을 살육해야 한다는 판단 속에 드러나는 인간의 합리적 이성과 그것의 잔인성
과 같은 것들이 교집합을 이루는 최상의 판이 좀비인 것이다. 결국 좀비는 인간은 무엇
이며 무엇이어야 하는가와 같은 근본적인 물음에 대면하게 하는 존재와 다르지 않음에도
K-좀비라는 수식을 달고 떠들썩하게 홍보·소개되었던 작품들은 매우 보수적이고도 지
겨운 시각을 변화시키지 않았다. 마치 'K'적인 무엇이 있다는 듯, 그래서 'K'에서 만들면
그것이 곧 새로움을 담보하는 듯 갑작스레 등장했던 좀비들은 촛불 집회를 떠오르게 하
는 〈창궐〉의 촌스러운 횃불 장면 속에, 〈방법: 재차의〉의 후반부 진희의 설교 속에서 부
유했다. 이렇게 'K-좀비'는 완벽하게 외부자로 존재할 수 있는 가능성을 차단당했고, 관
객들의 관심에서 멀어졌으며, 이젠 좀비가 등장하는 작품들에 예의 그 수식으로 언론에
서 잠시 활용할 수 있는 홍보 문구가 되었다. 영화 속 좀비의 이용이 아닌 좀비의 존재
론을 고민하지 않는 한 더 이상 K의 영역에서의 좀비를 만나기란 쉽지 않을 것이다.

지속가능한 K-Movie 속 K-Indi Movie

서성희 (영화평론가)

최근 K-Pop을 필두로 드라마, 영화, 뮤지컬, 게임 등 다양한 분야의 한국 대중문화가 전 세계에서 큰 인기를 얻으면서 한류 열풍이 지속되고 있다. 특히 빌보드 차트 1위와 유튜브 조회수 수십억회, 전 세계 콘서트 투어를 매진시킨 방탄소년단의 인기와 칸영화제에서 황금종려상과 아카데미 시상식에서 작품상을 비롯한 4관왕을 차지한 영화 〈기생충〉의 사례는 현재 전 세계에서 우리 대중문화가 얼마나 큰 영향력을 끼치고 있는지 잘 보여주는 사례로 주로 거론된다.

하지만 조금만 더 자세히 들여다보면 K-Movie는 봉준호의 이름만으로 정의되지 않는다. 21세기 국제영화제에서 주목받은 감독과 K-Movie가 독립영화, 애니메이션, 단편영화 같은 보다 세분화된 영역에서 수없이 등장한다. K-Movie에 대한 글로벌한 관심이 높아지고 산업 규모가 커지면서 K-Movie에 대한 연구 또한 총론에서 각론으로 확장되어야 한다.

K-독립영화의 괄목할만한 성과

먼저 〈우리들〉(2016), 〈우리집〉(2019) 등 아이들의 우정과 관계를 사려 깊게 그려내며 개봉 작품마다 화제를 모았던 윤가은 감독의 단편 〈콩나물〉(2013)은 제64회 베를린국제영화제에서 수정곰상을 수상하며 큰 주목을 받았다. 이외에도 한국 교육제도의 모순과 치열한 입시경쟁을 다룬 신수원 감독의 〈명왕성〉(2013), 전생을 기억하는 아홉 살 소년과 스승의 아름다운 동행을 담은 문창용 · 전진 감독의 다큐멘터리 〈다시 태어나도 우리〉(2016)가 심사위원의 호평과 함께 제너레이션 부문에서 특별언급상을 수상한 바 있다.

2019년 개봉해 독립영화의 저력을 보여준 〈벌새〉(2019, 김보라)는 제69회 베를린국제영화제 제너레이션 14플러스 부문에서 대상 수상과 함께 전 세계 59개의 영화제에

초청을 받았다.

〈벌새〉는 방황하는 중학생 은희가 한문 선생 영지를 만나 자신만의 방식으로 세상을 마주하는 방법을 찾아가는 내용을 담은 영화다. "장편 데뷔작이라고는 믿기지 않을 만큼의 작품적인 그리고 연출적인 성숙함을 보여주면서, 주인공의 탁월한 심리묘사를 통해, 관객 모두를 통하게 했다"라는 극찬과 함께 한국 독립영화의 저력을 증명했다.

세계 영화제에서 59관왕이라는 타이틀을 획득한 영화 〈벌새〉는 2019년 8월 29일 개봉해 국내에서 14만 명의 관객을 동원하고, 북미, 일본 등 해외 개봉을 시작해 상영관을 확대해 나갔다. 2020년 6월 26일 〈버닝〉을 배급했던 웰고 USA의 배급으로 북미 버츄얼 개봉을 시작한 〈벌새〉는 뉴욕의 링컨 센터, 시카고의 뮤직 박스 등 미국 각 도시의 대표 예술극장에서 미국의 유명 배급사 키노 로버의 키노 마키 플랫폼을 통해 개봉했다. 뿐만 아니라 6월 20일 일본 도쿄의 예술영화관 유로스페이스에서 개봉 후 전국 확대 상영으로 이어졌다. 코로나19 여파로 일본도 극장이 큰 타격을 받고 있는 상황에서 일본 전역 아트하우스 극장 위주로 40개 극장에서 개봉해 새로운 흥행 기록을 세웠다.

제71회 베를린국제영화제에는 〈인트로덕션〉(2020, 홍상수), 〈파이터〉(2020, 윤재호), 〈종착역〉(2020, 권민표. 서한솔) 세 편의 한국 영화가 이름을 올려 화제를 모았다.

〈종착역〉은 '세상의 끝'을 찍어 오라는 방학 숙제를 하기 위해 여행을 떠나는 14살 시연, 연우, 소정, 송희의 여정을 담은 성장 로드무비이다. 어린이와 청소년의 삶과 세계를 탐구하는 영화를 종합적으로 다루는 제71회 베를린국제영화제 제너레이션 K플러스 섹션에 초청되었다. 사춘기 문턱에 접어든 아이들이 성장하는 과정과 순간을 진정성 있는 태도로 성실하게 담아내 "시적인 순간으로 응축한 사춘기 아이들의 시간"(The film condenses their observations on the threshold from child to teenager into poetic moments)이라는 극찬을 받았다.

신예 홍성은 감독의 데뷔작이자 배우 공승연 배우의 첫 장편영화 주연작 〈혼자 사는 사람들〉(2021)은 제46회 토론토 국제 영화제(Toronto International Film Festival) 디스커버리 섹션에 공식 초청됐다. 토론토 국제 영화제는 북미 최대 영화제로 칸 영화제, 베를린 국제 영화제, 베니스 국제 영화제와 함께 세계 4대 국제 영화제로 손꼽힌다. 한국 영화로는 근래 2016년 박찬욱 감독의 〈아가씨〉, 김지운 감독의 〈밀정〉 등이 스페셜 프레젠테이션 부문에 초청되었고, 2019년 〈나를 찾아줘〉가 디스커버리 섹션에 초청된 바 있다. 〈혼자 사는 사람들〉이 공식 초청된 디스커버리 섹션은 해외 신인 감독들의 작품을 알리기 위한 섹션으로, 주로 감독의 장편영화 데뷔작 혹은 두 번째 장편영화를 상영하는 부문이다.

또한 2021년 69회째를 맞는 산세바스티안 국제 영화제(San Sebastián International Film Festival)는 스페인의 유서 깊은 영화제로 스페인어권에서 가장 오랜 역사와 영향력을 자랑하는 영화제로, 〈혼자 사는 사람들〉은 신인 감독들의 작품을 소개하는 뉴 디렉터스 섹션에 초청됐다. 2020년 홍상수 감독의 〈도망친 여자〉가 자발테기-타바칼레라 섹션에 초청되어 특별언급(자발테기-타바칼레라상)되었고, 김미조 감독의 〈갈매기〉(2021)도 초청되어 특별언급인 TVE-어나더 룩 상을 수상한 바 있다.

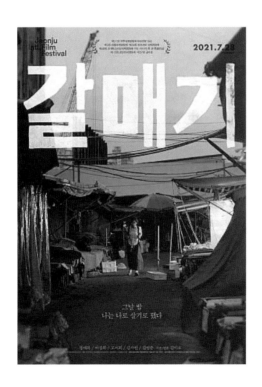

〈빛과 철〉(2020)은 남편들의 교통사고로 얽히게 된 두 여자와 그들을 둘러싼 비밀스러운 이야기를 담은 시크릿 미스터리 영화로 제24회 탈린블랙나이츠영화제, 〈클라이밍〉(2020)은 제45회 안시국제애니메이션영화제 장편경쟁부문에 초청되었다.

한국영화계의 장르화가 심화되면서 장르적 관습을 부수고 자신의 색을 드러낸 감독이 점점 희귀해져 가고 있다는 위기감이 감도는 가운데 독립영화는 지난 몇 년간 국내외 유수 영화제의 러브콜을 받으며 선전을 했고, 상업영화가 고만고만한 이야기들을 똑같은 방식으로 찍어내는 사이 독립영화는 형형색색 개성으로 빛나는 옹골찬 씨앗을 틔우고 있었다.

하지만 이러한 독립영화계의 선전은 한국의 메이저 언론에서는 그리 중요하게 다루지 않았고, 대부분의 시민들은 이런 소식은 접하지도 못한 채 K-Culture는 BTS와 〈기생충〉으로만 기억되었다고 해도 과언이 아니다. 왜일까? 그 이유를 찾아가는 과정을 통해 K-Movie에 대한 인식의 지평을 넓히고 다양성으로 지속가능한 K-Movie를 그려보고자 한다.

한국은 대중문화 공화국이다

한국은 지난 60년대 이래 30년 동안에 서구의 300년을 압축해 따라갔다. 우리는 30년의 생물학적 시간에 300년의 서사적 시간을 살아버린 것이다. 무서운 속도의 서구 흉내 내기 속에서 자신을 돌아본다는 것은 가능하지도 않았고 필요한 일로도 간주되지 않았다. 어쩌면 그건 '압축 성장'이 요구하는 비용이었는지도 모른다. 생각해보라. 한국인의 스트레스 지수는 세계 최고 수준이다. 한국인의 자살률도 세계 최고 수준이다. 한국인의 행복도는 세계 중하위권 수준이다. 이런 기록만 살펴보자면 한국은 지옥에 근접한 나라로 보이겠지만, 자세히 살펴보면 지옥과 천국을 수시로 왔다 갔다 할 정도로 나름의 대비책이 있다는 걸 알 수 있다. 바로 대중문화 공화국, 한국인이야말로 이른바 호모 루덴스(Homo Ludens, 놀이하는 인간)의 전형이다.[1]

대중문화 공화국에선 삶의 속도가 빠르다. 대중문화는 유행이기 때문이다. 사람을 지루하거나 싫증나게 만드는 건 죄악이다. 한국이 이런 속도전에서 세계적인 경쟁력을 갖고 있다는 건 이미 입증된 사실이다. 그러나 동시에 그 속도의 폭력에 치이는 분야가 생겨났다. 독립영화도 그런 분야 중 하나이다. 독립영화가 상업영화의 다양성 추구에 도움이 되는 창의력의 원천이 된다고 인식되면서 부분적인 지원책이 나오긴 했지만, 그걸 독립영화의 부활로 보기는 어렵다. 독립영화계가 독립영화의 위기를 선언하고 나섰지만,

---

1) 강준만, 『한류의 역사』, 인물과 사상사, 6~8쪽.

독립영화만 위기인 건 아니다. 오락적 가치가 사회의 전 국면을 지배하는 상황에서 빠른 속도감을 장착하지 않은 오락적 효용이 떨어지는 문화는 모두 다 위기다.

문화강국을 향한 열망

충무로에게 할리우드는 치명적인 매혹의 대상이자 도달할 수 없는 이상향이었다. 1993년 개봉된 〈쥬라기 공원〉이 미친 '충격'은 대중문화 산업계에 "할리우드를 본받자!"라는 구호를 유행시켰다. 한동안 국내에선 〈쥬라기 공원〉이 영상산업을 육성해야 할 주요 증거로 거론되었다. 결과만 놓고 보면, 정작 대기업의 주요 관심은 할리우드 수직적·수평적 통합이라는 산업구조에 있었던 것으로 보인다. 제일제당은 CGV 멀티플렉스 극장 사업은 스필버그 감독의 조언에 의한 것이라고 주장하면서 점점 대중문화 사업의 몸집을 불려 나가게 된다. 당시 언론은 다음과 같은 요지의 논설과 특집 기사로 재벌의 영

상산업 진출을 정당화시켜주는 여론을 조성했다. "100년 전 우리 선조는 세계 조류에 어두워 식민 지배까지 받게 되었으나 한국, 이번의 새로운 세계 격변의 기회를 놓치지 말자!"

이러한 논리는 '문화전쟁'이라는 개념으로 상징된다. 1996년 10월에 출간한 『문화전쟁』이란 책에서 여전히 문화 접촉은 "교류하는 것이 아니라 전쟁하는 것이다. 그러므로 자문화는 강문화가 되어야 한다"고 주장했다. 물론 대대수의 지식인은 '문화 전쟁'이나 '문화 강국'이라는 개념 자체에 반대했으며, 이는 오늘날에도 다를 게 없어, 한류를 둘러싼 논쟁의 한 흐름을 형성하고 있다.

한류는 확실히 세계 체제하에서 우리가 피눈물 나게 습득한, 미국 중심의 '배제와 착취의 원리'를 그대로 답습하는 모습을 보여준다. 국가가 나서서 바이 코리아 한류 홍보대사를 임명하고 문화 국가 운운하는데다 언론들도 욘사마, 한류 사천왕(이병헌, 배용준, 장동건, 원빈), 오천왕(사천왕+최지우) 정신없이 떠들어대는데, 이 북새통을 잘 들여다보면 확실히 중심 국가들의 노회한 문화산업 전략과는 천양지차로 졸부 근성 혹은 창부 근성이 농후한, 몸부림의 아찔한 유혹을 목도하게 된다.[2]

우리 언론들은 하나같이 문화 침공, 정벌 등의 표현으로 자기 환각과 제국주의적 욕망을 노정하는 데 서슴없다. 우리가 그렇게 당했으면, 그 식민 지배의 욕망으로 인한 피해 양상과 그 귀결에 전율, 경계 의식을 가질 만도 한데, 전 국민을 무뇌아고, 혹은 제국적 욕망의 앞잡이로 만들기에 혈안이다. 이처럼 사태의 본질을 파악하지 못하는 것은 물론 최소한의 자기방어 기제도 가지지 못한 채, 언론이 조장하는 한류 열풍이라는 것이 우리 전체 국민의 삶과 도대체 무슨 관계가 있는 것인가.

상업적 대중문화를 무기로 삼아 문화강국이 되겠다는 열망을 노골적으로 드러내는 나라에서 '배제와 착취의 원리'는 필연의 그림자이다. 대한민국은 다양성 영화에 대한 존재 가치가 아닌 문화전쟁을 치르는 무기를 고르는 기준으로 독립영화와 지역영화에 대한 배제와 착취를 묵인하는 태도를 유지해왔다.

한국 사람이 영화를 대하는 태도

한국영화계의 '천만 신드롬'은 한국 문화 특유의 쏠림 현상을 잘 보여주는 사례다. 천만 신드롬은 1,000만 관객을 목표로 하는 대형 영화 제일주의가 한국 영화계를 지배하고 있는 현실과 이를 뒷받침해주고 있는 관객의 쏠림 현상을 일컫는 말이다.

이런 쏠림이 인구의 사회문화적 동질성, 과도한 도시화와 남들의 언행을 중요하게

---

2) 백원담, 『동아시아의 문화선택 한류』, 펜타그램, 2005, 105~106쪽.

여기는 타인 지향성의 산물이다. 이런 조건은 여론을 획일화의 압력의 산물로 보는 침묵의 나선 이론의 설명력을 높여준다. 침묵의 나선 이론에 따르면, 우리는 어떤 행동 양식이 우세한지를 판단해 그에 따라 의견을 갖고 행동하려는 경향이 있는데 이는 대중문화 소비에서도 나타난다는 것이다. 한국이 각종 바람과 신드롬의 나라가 된 것도 바로 그런 이유 때문이다.

이런 쏠림 현상이 영화 분야에도 나타난 것이 천만 관객을 목표로 하는 블록버스터 영화 위주의 시장 질서이다. 천만 관객을 향해 질주하던 한국영화계는 2013년 영화 관객이 2억 1,200만 명으로 최초로 2억 명을 돌파한 가운데 한국은 1인당 평균 영화 관람 편수가 4.12편으로, 미국(3.88편)을 제치고 처음 세계 1위로 올랐다. 전체 매출액은 1조 5,432억 원을 기록했지만, 한국과 미국 두 나라 영화에 대한 집중도는 97퍼센트로 더 커지는 치유하기 힘든 부작용을 낳았다.

언론의 최고 주의

〈기생충〉이 한국 영화 최초로 프랑스 칸영화제에서 황금종려상을 탔을 때와 아카데미상을 탔을 때의 온도차는 확실히 달랐다. 봉 감독은 2019년 10월 미국 언론 인터뷰에서 "지난 20년간 한국 영화는 영향력을 행사했는데도 아카데미상 후보에 오른 적이 없었다. 어떻게 생각하느냐"는 물음에 "좀 이상하긴 하지만 별것 아니다. 아카데미는 국제적인 영화제가 아니라 로컬 시상식이다"라고 답했다. 그의 뼈 있는 말마따나 아카데미는 한 나라의 로컬 시상식일 뿐인데 왜 사람들이 더 열광할까?

한국 사회는 오래전부터 동양 최고, 동양 최대, 동양 최초, 세계 최고, 세계 최대, 세계 최초 등과 같은 최고 병, 최대 병, 최초 병을 앓아왔다. 역사적으로 너무 당한 경험이 많아서인지 한국인들은 최고·최대·최초주의에 한이 맺혔다고 해도 과언이 아니다. 최고·최대·최초를 향해 목숨 걸고 질주한다. 물론 언론 탓도 있다. "기자는 최초, 최고, 최대에 약하다. 즉, '최'자만 들어가면 최면에 걸린 듯 관심을 쏟게 되는 것이다."[3]

한국인 다수가 국제적 인정 투쟁에서 '헝그리 정신'을 발휘하지 않아도 될 때가 되었다고 생각하면 저절로 달라질 것이다. 그러나 아직까진 전반적으로 한국인들은 여전히 '배가 고픈' 상태에 있는데, 이른바 스포츠 한류에서건 대중문화 한류에서건 최고·최대·최초주의를 껴안은 열광을 요구하고 있는 게 현실이다. 우리는 춥고 배고프게 살던 시절은 졸업했을망정, 그 시절이나 지금이나 강대국들에 치이는 현실은 계속되고 있고, 앞으로도 당분간은 계속될 가능성이 높다. 대중문화계에서 '착취'에 가까울 정도로 약자에 대한 부당한 갑질이 자행되어도, 다양성이 배제되고 독과점이 심각해도 이게 '사건 뉴스'로만 소비되고 이렇다 할 변화 없이 넘어가는 것은 '한류의 영광'이라는 빛에 압도당하기 때문일 것이다. 지속가능한 한류에 대한 논의는 이런 문제까지 포함해서 다루어져야 한다.

K-Movie를 바라보는 정책과 논문들

민간에서 일으킨 한류가 잠시 주춤하던 2000

---

3) 장순욱, 『홍보도 전략이다. 기자가 쓴 언론 홍보 가이드』, 책이 있는 마을, 2005, 138쪽.

년대 중반 언론은 정부의 적극적인 개입을 요구했다. "아쉽게도 지난 몇 년간 한류 열풍은 주춤했던 게 사실이다. 2003년에 전년 대비 60퍼센트를 웃돌았던 드라마·게임 등 문화 콘텐츠 수출 증가율이 2006년 11퍼센트, 2007년엔 13퍼센트에 그친 것만 봐도 알 수 있다. 애당초 한류가 해외에서 예기치 못한 채 시작되다 보니 우리 정부와 업계가 체계적으로 관리. 육성하지 못한 탓이 크다. 한류가 돈이 될 뿐 아니라 국제사회에서 한국의 소프트 파워(매력)를 키우는 데에도 강력한 무기임을 확인한 만큼 이제라도 효율적인 발전 방안을 모색해야 한다. 몇몇 스타에게 기댈 게 아니라 경쟁력 있는 킬러 콘텐츠를 지속 생산하는 시스템을 갖출 수 있도록 민관이 머리를 맞대야 한다."[4]

한겨레는 사설 〈닥쳐온 '문화 전쟁', 정부 전략이 아쉽다〉(2005년 4월 18일)에서 "문제는 코앞에 다가온 전 지구적 문화 전쟁을 앞두고 우리 정부는 아무런 전략도 세우지 못하고 있다는 점이다"고 주장했다. 또 경향신문은 사설 〈충무로를 제대로 키우자〉(2005-06-06)에서 "21세기가 문화 콘텐츠를 둘러싼 전쟁이라면 충무로는 그 전장이다. 최근 한류가 한류(寒流)로 바뀔지 모른다는 우려가 높다. 한류는 적극적인 투자와 문화 역량 성숙의 결과라는 사실 인식이 중요하다"고 주장했다. 2000년대 중반 한국사회에서 진보적인 신문이라고 자임했던 한겨레, 경향 등의 신문들조차 문화 콘텐츠를 문화 전쟁의 도구로 인식하며 여론몰이를 했다.

그 결과, 2000년대 후반 당시 정부는 '소프트 파워가 강한 창조 문화 국가'를 표방했다. 그러나 192개 국정 과제 중 문화 관련 항목은 '핵심 문화 콘텐츠 집중 육성 및 투자 확대' 1개뿐이다. 문화 정책 비전이라는 것도 '문화 예술로 삶의 질 선진화'를 '콘텐츠 산업의 전략적 육성'과 '체육의 생활화·산업화·세계화' 다음 항목으로 밀어놓았다. 선진화도 비루하지만, 문화를 '국익(경제 회복을 통한 선진 일류 국가 형성)'을 위한 경제 가치로만 산정하는 것이다.[5]

손승혜의 〈학술 논문의 메타 분석을 통해 본 한류 10년〉이란 논문을 보면, 2009년까지 학술 논문이 총 250여 편 발표될 정도로 학자들은 한류에 깊은 관심을 보였다. 하지만 논문의 80퍼센트가 한국 확산을 위한 제언을 포함하고 있으며, 관련 논문은 주로 관광, 경영, 경제 분야에서 나오고 있는 점은 한류가 정책적이고 경제적인 측면에 치우치고 있음을 보여주었다. 이는 10여 년 전만 해도 한류를 중심으로 한 문화교류의 목표는 대중문화 산업을 주재료로 세계 5대 문화강국이라는 화려한 청사진을 각인시키는 데 있었기 때문이다.

---

4) 신승일, 〈한류 2.0 시대의 과제〉, 한국일보, 2009.11.03.
5) 백원담, 〈경향포럼, 저작권법 그리고 한류〉, 경향신문, 2009.08.03.

K-Indi Movie의 지속적 가능성을 위하여

조한혜정은 "한류열풍 현상은 우수한 문화의 저급한 문화로의 전파 현상으로 보기보다는 국경을 넘나드는 초국적 자본과 미디어의 이동, 그리고 사람의 이동으로 일어나는 복합적이고 역동적인 '초문화화' 현상의 일부이자 '권력 재편'의 고정으로 파악될 현상"[6]이라고 판단했다. 그런 면에서 한류의 주인공인 문화 상품이 상업주의의 문화임을 그렇게 가슴 아파할 필요는 없을 것이다. 이런 우려를 하기 전에 우리는 현재 세계시장을 제패하고 있는 미국식 상업주의 문화 상품 역시 대부분 B급의 문화라는 점을 인식할 수 있는 여유를 가져야 한다. 자국의 상품에 대해서 지나치게 허용적이거나, 지나치게 비판적인 결벽성의 자를 들이대는 태도를 뒤집어볼 수 있어야 한다. 그러면서 문화 상품의 생산과정과 유통망에 대해 생각하는 사유의 훈련이 필요하다.

먼저 영화계 내부적으로 대기업이 배급과 상영을 겸업하는 수직 계열화 문제다. 한국 영화 산업의 구조를 살펴보면, 극장 입장료 매출의 97퍼센트를 차지하는 CJ·롯데·메가박스 등 멀티플렉스 3사가 배급 시장까지 장악하고 있는 모양새다. 수직 통합 시스템으로 운영하면 독과점의 폐해와 표현의 자유와 다양성을 해친다는 이유로 늘 비판의 대상이었다. 특정 문화에 대한 편식은 특정 문화에 대한 독식으로 이어지는 순환을 만드는 우려를 낳는다. 다양한 국적과 감독의 영화를 보면서 관객들은 문화적 감수성을 넓힐 수 있고, 이를 바탕으로 한국 영화계도 다양한 소재와 형식으로 영화의 질을 높일 수 있다.

한류를 바라보는 정책의 기조도 많이 바뀌어야 한다. 한류는 1990년대 후반부터 2000년대 중반까지 한국 드라마(K-Drama)가 주도한 한류 1.0시대, 2000년대 중반부터 2010년 초반까지 한국 가요(K-Pop)가 주도한 한류 2.0 시대를 거쳐 한류를 한국 문화 전반, 즉 K-Culture로 연결시키는 한류 3.0의 시대로 분류된다.

2020년을 기점으로 한류와 국제문화교류는 한류 4.0시대라는 또 다른 국면에 접어들었다. 10여 년 전만 해도 문화교류의 목표는 대중문화 산업을 주재료로 세계 5대 문화강국이라는 화려한 청사진을 각인시키는 데 있었지만, 최근에는 교류 대상과 권역, 영역, 방식의 다각화를 꾀하는 데 방점을 두고 있다. 이른바 '우리 문화의 다양성을 높여 세계문화 발전에 이바지하자'라는 취지에서다.[7]

전 세계로 뻗어나간 K-Movie는 배급시장에서 독립영화와 상업영화의 구별이 없다. 요 몇 년 사이 한국 독립영화는 파악이 어려울 만큼, 세계 속으로 엄청나게 빠른 속

---

6) 조한혜정, 「글로벌 지각 변동의 징후로 읽는 '한류 열풍'」, 조한혜정 외 『한휴와 아시아의 대중문화』, 연세대학교 출판부, 2003, 1~42쪽.
7) 한국국제문화교류진흥원, 『한류에서 교류로』, 한국국제문화교류진흥원, 2020.03.30.

도로 뻗어나가고 있다. 해외로 나간 한국 독립영화는 한국 독립영화가 아닌 그냥 한국영화의 다양한 얼굴로 세계인의 머릿속에 인식의 지도를 그려나갈 것이다.

정부는 문화를 진흥한다는 낡은 프레임을 넘어서야 한다. 문화에 대한 정부의 가장 좋은 태도는 '지원은 하되, 간섭은 최소화'라는 원칙이다. 이때의 지원은 정부가 해당 분야의 발전을 이끈다(진흥)가 아니라 지지하여 돕는(지원) 데 머무는 것이 좋다. 진흥이 되고 안 되고는 해당 분야의 자체 소관이다. 정부는 건강한 생태계가 조성될 수 있도록 '인프라'를 갖추는 데 주력해야 한다. 지속가능한 K-Movie는 대체 불가한 다양성 영화에 근간을 두어야 한다. 그러기 위해서는 수면에 드러난 상업영화 진흥에 급급하던 담론과 정책 기조의 대전환이 필요하다.

정부가 무언가 하고 싶다면, 영화 속에서 꿈을 이루려는 젊은이들의 노동과 삶의 조건을 개선하기 위한 기초 인프라와 독립영화와 지역영화의 생태계 구조를 살리는 시스템 지원을 정책적으로 마련해주는 것이 최선이다. 문화 경쟁력은 정부 시책이 아니라 자연스럽게 융합이 이뤄지는 시장에 맡겨야 한다는 것이 지난 20년의 교훈이다.

Korean Film Critiques

신인의 발견

강유가람 감독론

페미니스트 작가로서 자기 인식의 여정 성진수

강유가람 감독론

페미니스트 작가로서 자기 인식의 여정

성진수 (영화평론가)

영화를 둘러싸고 논의되는 재현의 문제는 '관객은 영화를 어떻게 보아야 할 것 인가' 라는 질문과 맞닿아 있다. 영화라는 대상을 보고 비평하는 위치에 익숙한 내가 이 질문을 마주하게 되는 순간이 있는데, 그것은 다큐멘터리의 관객으로 앉게 될 때 다. 다큐멘터리가 객관성을 추구한다는 믿음과 그것 또한 사실은 만든 사람의 시선 이 개입한 구성된 진실일 뿐이라는 믿음의 공존이 관객인 나에게 스크린의 이미지를 어떻게 받아들여야 할지 고민하게 만든다. 그 고민이 닫힌 결론에 이르는 경우는 드 물다. 대부분 정도의 문제로 귀결될 뿐이다. 그런 가운데서도 흔들리지 않는 다큐멘 터리에 대한 한 가지 확신이 있는데, 저 카메라 앞에 있었던 그 누군가는(혹은 그 무 엇이든) 진짜 존재했던(혹은 여전히 존재하는) 것이라는 믿음이다. 현실 속에 실제 존재하는 것 보다 더 진짜 같아 보이게 만들어진 가상의 이미지가 스크린을 짙게 덮 어가고 있는 시대에, 영화가 태생적으로 사실주의적인 매체라는 바쟁의 믿음을 입증 하는 최후의 보루는 다큐멘터리가 될 것이다. 만든 사람의 주관이 노골적으로 드러 나는 다큐멘터리를 볼 때 샘솟는 그 진실성에 대한 의심을 희석시키는 것도 바로 이 점이다.

그럼에도 여전히 창작자의 주관적 개입을 다큐멘터리의 객관성을 무너뜨리는 흠집으로 보는 시선은 존재하고, 다른 한편에선 주관성을 전경화시킨 사적 다큐멘터리나 주관적 다큐멘터리가 공공연하게 다큐멘터리의 분류로 통용되며 양적으로 질적으로 성숙하고 있다. 사적 다큐멘터리나 주관적 다큐멘터리가 갖는 가능성 중 하나를 꼽자면 제작 주체의 자기 성찰성이다. 제작 주체가 스스로를 카메라의 대상으로 설정함으로써, 객관성을 절대 가치로 견지하는 다이렉트 시네마에서는 보기 힘든 창작자의 자기 객관화와 자기 성찰의 가능성을 더 풍부하게 포함하게 된다. 올해 개봉한 강유가람 감독의 다큐멘터리 〈우리는 매일매일〉은 바로 그런 가능성을 잘 보여주는 영화다. 좀 더 부연하면 〈우리는 매일매일〉에는 1990년대 여성주의 운동과 그 주체들을 인터뷰하고 객관화된 자료로 설명하는 조사자로서의 감독과, 인터뷰 대상과의 상호작용을 통해 자기 자신에 대한 탐구와 자기에의 인식을 구축해가는 자기성찰적인 감독이 공존한다.

거울로서의 카메라와 자전적 이미지쓰기

나는 페미니스트로서 어떤 역할을 해내고 있는 걸까?
혹시 변화를 따라가지 못하는 사람이 되어가는 건 아닐까?
나만 이런 고민을 하는 걸까?

영화 〈우리는 매일매일〉 중에서 -

〈우리는 매일매일〉의 문제의식은 뚜렷하다. 지난 몇 년간 한국과 전세계에 걸쳐 급격한 변화를 보이며 가시화되었던 페미니즘 운동의 지형에서 '나', 즉 창작 주체 자신의 정체성을 확인하는 것이다. 그것은 자신의 현재적 효용가치를 점검하는 것일 수도 있고, 그 동안의 실천을 반성하는 것이 될 수도 있다. 그것이 무엇이든 그 목표가 미래지향적이라는 것은 분명하다. 페미니스트이자 영화 감독으로서 혹은 또 다른 가능한 주체로서 앞으로 내디딜 발걸음을 고려하고 있는 숨 고르기이다.

그 방법으로서 감독이 선택한 것은 자신의 거울 이미지일 수 있는 타자들, 바로 "나의 페미니스트 친구들"을 카메라에 담는 것이다. 이렇게 감독과 20대를 함께 했던 다섯 명의 여성이 카메라 앞에 앉게 된다. 현재는 각자 다른 지역에서 다른 일을 하며 살아가고 있지만, 그들에게는 1990년대와 2000년대 초에 걸쳐 페미니스트로서 활발한 실천을 행했다는 공통점이 있다. 그렇기 때문에 영화는 자연스럽게 한국 페미니즘 역사의 한 부분에 대한 기록으로서의 성격을 띤다.

1996. 6. 3.
고대생 집단난동 근절을 위한 이화인 규탄대회

1999년 군가산점 위헌 판결, 오랫동안 지속되어 왔지만 1996년에야 공론화된 고려대학교 남학생들의 이화여자대학교 축제 집단 난동 사건, 각 대학 여학생위원회와 총여학생회의 등장, 언니네트워크와 들꽃, 그리고 돌꽃과 같은 페미니스트 집단의 활동, 보다 최근의 사건으로는 2009년 고 장자연씨의 죽음과 수사를 둘러싼 여성계의 활동 등, 관객은 한국 페미니즘의 역사에 기록될 만한 굵직한 사건들을 만날 수 있다. 물론 그 사건 하나하나에 대한 객관적 정보를 이 영화에서 얻고자 한다면 불만족스러울 수 있다. 그러나 〈우리는 매일매일〉은 각 사건의 맥락과 그것을 층층이 둘러싼 목소리를 들려줌으로써 역사를 확장시킨다는 장점이 있다.

우리는 영화를 보면서, 1990년대가 거리에서 경찰이 젊은이들을 무작위로 불심검문했던 시대라는 공식화된 사실과 더불어, 학생운동을 하는 동아리의 회장이었음에도 불구하고 여자는 단지 여자라는 이유로 그 검문의 대상이 되지 않았었다는 것을 듣게된다. 더 나아가, 그 여학생은 동료 남학생이 불심검문을 받고 경찰에 끌려가는 것을 막지 못했다는 이유만으로 남자 선배로부터 오물이 든 종이컵 세례를 받았다는 사실을 알게 된다. 각 대학교의 총학생회가 사회적 변화를 주도하는 조직화된 세력이었다는 사실과 더불어, 총여학생회 활동을 하는 여학생들이 남학생들의 위협 때문에 늘 둘, 셋씩 짝을 지어 다녀야만 했다는 것, 군가산점 폐지와 관련된 대자보는 나붙을 때마다 난도질당하고 진보적인 정치 운동 집단에서조차 성폭력이 만연했다는 것을 우리는 그 경험자들로부터 직접 듣게 된다.

어쩌면 우리 대부분은 그러한 사실을 인지하고 있었고 지금도 인지한 채 살아가고 있을 것이다. 인터뷰 대상자들의 경험은 한국 사회의 어디에나 존재했지만, 바꾸어야 할 것으로 진지하게 받아들여지지 않은 채 오랫동안 어디에도 없는 문제로 취급되어 왔던 것들이기 때문이다. 모뉴먼트를 기억하는 것으로서의 역사는 변화의 사건에 대한 기록이 되기 십상이다. 그리고 그렇게 공적인 표상을 부여받은 사건은 지배적 기억으로 남고 그 주변부에 실존했던 경험들은 배제되고 잊히게 된다. 역사에 소수자의 목소리를 위한 자리가 강제적으로라도 더 많이 마련되어야 하는 이유는 이러한 까닭이며, 〈우리는 매일매일〉에 담긴 다섯 여성의 목소리가 소중한 이유도 여기에 있다. 그들의 경험은 단지 여성 개인의 것이 아니라 한국의 역사이며, 한국 페미니즘 운동이 여전히 유효하다는 당위이기도 하다.

〈우리는 매일매일〉에서 마주하게 되는 개인들의 경험이 보는 이에게 감정적으로는 물론 이성적인 울림을 줄 수 있다면, 그것은 그들의 목소리에 담긴 과거 그 자체가 아니라 감독의 카메라에 담긴 현재에서 기인하는 바가 클 것이다. 과거에 대한 그들의 인터뷰가 기억에 의존한 주관성의 영역이라면 카메라에 담긴 현재의 모습들은 객관성의 영역이라고 할 수 있다. 그런데 그 객관적인 카메라가 담아낸 그들의 현재 속에서 우리는 그들이 자신의 기억과 목소리로 재구성했던 과거를 발견하게 된다.

페미니스트이자 실천가로서 20대를 뜨겁게 살아냈던 주인공들은 이제 40대의 중년이 되었다. 수의사로, 인디 뮤지션으로, 제주 한달살이 집의 운영자로 살아가고 있지만, 그들의 일상은 여전히 20대의 그 지대 위에 존재하고 있다. 수의사가 된 인물은 소싸움 반대 운동을 위해 지방의회 의원들을 찾아다니고, 제주에서 주부로 살고 있는 인물은 제주여민회가 주도하는 안희정 무죄 판결에 대한 규탄 시위대에 동참한다. 인디 뮤지션으로서 경제적 불안을 극복하기 위해 청소년 센터에 취업한 인물은 아이들이 페미니즘에 대한 잘못된 정보에 물들어 가는 것을 안타까워하고, 또 다른 인물은 16년 동안 한국성폭력 상담소에 몸담고 있다. 그리고 학생 때 돈이 필요한 여학생들을 위한 공공성격의 대부업을 운영했던 인물은 여성주의 의료 사회적 협동조합의 핵심이다. 지역과 직업이 다르고 관심 사건과 방법은 각기 다르지만, 그들 모두는 여전히 자신의 자리에서 페미니스트로서 살아가고 있는 것이다.

다큐멘터리의 감동은 영화적인 표현과 만들어진 이야기가 아니라, 카메라가 포착하고 있는 사건의 우연성으로 인해 그것이 갖게되는 진실성에 기인하는 바가 크다. 그런 의미에서 과거부터 지금까지 자기 인생 대부분의 시간 동안 스스로를 페미니스트라 칭하면서 현재까지 여성주의적인 실천을 이어가고 인물들은 그 존재 자체로 이 영화의 중요한 가치가 된다. 그렇지만 이를 감독의 의도적인 선택이라고 보고 불편해 하는 시선도 있을 수 있다. 여기서 우리는 감독이 영화의 서두에 밝힌 작가의 의도를 상기할 필요가 있다.

　　강유가람 감독은 지극히 개인적인 이야기로부터 영화를 시작한다. 풍물패 동아리의 멤버로 운동권 집회에 참가하고 관련 단체의 인물들과 교류했던 대학생 시절 경험했던 성희롱과 그 이후 페미니즘 활동에서 찾았던 만족을 얘기한다. 그리고 지난 10년 간 카메라를 든 감독, 창작자이자 페미니스트로서 커다란 변화의 파고 위에서 있는 스스로에게 질문을 던진다. 이 영화는 그 질문에 대한 스스로의 해법 찾기 과정이기도 하다. 그래서 〈우리는 매일매일〉 속 강유가람 감독의 카메라는 대상을 기록하는 눈임과 동시에 자신을 비추는 거울이 된다. 그는 자신과 유사한 경험, 정서, 이데올로기를 공유했고 또 공유하고 있는 친구들을 거울삼아 자전적 글쓰기, 아니 자전적 이미지쓰기를 하고 있는 것이다. 그렇다면 이 영화를 위해 감독이 선택한 대상에 관한 불만은 감독에게는 부당한 것이다.

　　강유가람 감독은 〈우리는 매일매일〉 이전에 여성을 주인공으로 한 두 편의 다큐멘터리를 만든 바 있다. 2020 들꽃영화상 다큐멘터리 감독상을 수상한 〈이태원〉과 박근혜 퇴진 운동 시 광장에 나섰던 젊은 페미니스트들을 인터뷰한 〈시국페미〉가 그 것이다. (개봉 시기는 2019년 이지만 〈이태원〉은 2016년, 〈시국페미〉는 2017년에 제작되었다.) 페미 3부작이라고 불릴 만한 이 시리즈의 끝에 〈우리는 매일매일〉이 존재한다는 것은 의미심장하다. 여성을 주제로 한 일련의 세 영화를 거치면서 감독

자신이 페미니스트 작가로서 스스로의 정체성을 확고히 해가고 있는 것으로 보이기 때문이다.

관찰과 구성의 주체에서 성찰의 주체로

세 편의 영화 속에서 제작 주체로서 감독이 하는 역할은 조금씩 다르다. 영화 〈이태원〉은 과거에는 억압되어 왔고 지금은 지워져가는 이태원 여성들의 목소리를 통해 다성적 공간으로서 이태원을 재조명한다. 여기서 감독의 지배적인 역할은 객관적 관찰자와 기록자이다.

〈이태원〉의 주인공은 서로 다른 성격과 배경, 직업을 가졌지만 모두 미군을 대상으로 한 이태원의 클럽에서 일한 경험을 갖고 있는 여성들이다. 여전히 이태원의 주민으로 살면서 바를 운영하거나 기초생활수급자로 살아가고 있는 그들은 자신은 물론 동료들이 웨이트리스로 일했다는 것조차 입 밖으로 말하지 않아왔다고 한다. 그것이 어디선가 잘 살아가고 있는 동료들을 위하는 일이기 때문이다. 비록 카메라 앞에서 자신의 과거와 현재를 보여주고는 있지만, 그들은 가족을 부양하기 위해 자신이 몸담았던 세계를 향한 사회의 편견과 멸시를 경험을 통해 잘 알고 있다. 그들은 침묵을 강요받아왔고 그들의 경험은 역사에서 망각되어 가고 있는 것이다. 강유가람 감독은 서울의 핫플레이스인 '이태원'이라는 공간을 매개로 그 여성들의 목소리를 복원하는 작업을 시도했고, 그 작업에서 감독 자신의 존재를 최대한 숨기고 대상에 더 많은 초점을 맞추면서 관찰자 혹은 기록자로서 충실한 역할을 수행한다.

2017년에 제작된 〈시국페미〉는 2016년 겨울 뜨거웠던 광장의 한 가운데에서 페미니즘의 깃발을 들었던 젊은 여성들의 경험을 기록한 영화다. "페미가 당당해야 나라가 산다"를 외치며 광장 속 페미의 기수 역할을 했던 일곱 명의 여성들은 가장 최근 한국의 젊은 페미니즘을 이끄는 주체들이기도 하다. 이 영화는 인터뷰에 의지하여 동시대 젊은 페미니스트들의 생각과 실천, 그리고 경험을 기록하는데, 이 인터뷰에서 감독은 철저하게 드러나지 않는다. 창작 주체를 감추는 카메라는 짐짓 감독을 객관적 기록자로 위치시키는 듯 보인다. 그러나 〈시국페미〉에서의 감독은 〈이태원〉의 감독 보다 더 깊이 영화에 개입하고 있다.

일곱 명과의 인터뷰는 예감, 분노, 광장, 페미니스트, 페미존, 변화, 역풍, 용기, 신호탄 이라는 일곱 개의 타이틀 아래 편집되어 제시된다. 즉 인터뷰이들이 겪고 실

천했던 광장의 경험이 창작 주체의 개입 하에 하나의 서사로 구축되고 있는 셈이다. 〈시국페미〉에서 감독은 이야기를 구성하는 주체로서 보다 권위적 위치에 있다고 볼 수 있다.

다큐멘터리 창작자로서 감독이 영화에 개입한다는 것은 비난 받을 것도, 문제시될 것도 없다. 앞서 언급했듯이 다큐멘터리가 세상을 향해 열린 완전하게 투명한 창일 수 없으며, 창작자의 시선이 개입된 불투명한 구성물이라는 것은 이미 통용되는 사실이다. 여기서 영화 속 감독의 위치를 확인하는 것은 페미니스트이자 다큐멘터리 감독으로서 강유가람의 작가적 실천을 검토하기 위함일 뿐이다. 그런 관점에서 볼 때, 객관적 시선의 관찰자와 권위적 구성자에서 자기 성찰적 위치로의 이동은 작가로서 그의 다음을 기대하게 만드는 변화가 아닐 수 없다.

감독의 필모그래피를 직선적인 성장 서사로 설명하는 것은 위험한 시도임에 틀림없다. 과거에 기대어 예측하는 미래가 꼭 들어맞으란 법도 없다. 다음 영화의 소재가 여성이 아닐 수도, 그 관점이 페미니즘이 아닐 수도 있다. 그럼에도 불구하고 페미니스트 작가로서 그를 정의하는 것에 주저하지 않게 되는 것은, 그가 어떤 소재를 어떤 시각에서 다루든 그의 매일매일의 작업이 〈우리는 매일매일〉의 주인공인 '그의 페미니스트 친구들'의 그것과 같을 것이라는 기대와 신뢰 때문이다.

〈우리는 매일매일〉에서 감독이 친구들에게 던진 마지막 질문은 "페미니스트로서 산다는 것은 뭘까?"이다. 그리고 이 질문에 주인공 중 한명은 이렇게 말한다.

"나는 여성주의자가 먹고 사는데 더 유리하다고 생각해. 여성주의는 자기 성찰적이고 일상으로부터의 변화를 늘 염두에 두고 있으니까."

그렇다. 이 시대를 살아가는 여성으로서 자기 성찰을 영화로 실천한다면 우리는 그를 페미니스트 감독이라고 불러도 괜찮지 않을까? 그가 카메라에 무엇을 담기로 했든지 말이다.

Korean Film Critiques

리뷰

국내영화

죽어있던 날, 죽던 날, 살아가는 날에 대하여
〈내가 죽던 날〉

배장수
(한국영화제작가협회 상임이사)

〈내가 죽던 날〉. 무엇에 관한 영화일까? 억울한 죽음과 그 죽음을 낳은 우리 사회를 조명한 영화가 우선 떠올랐다. 주인공이 죽던 날을 통해 타인에게 가혹한 사람과 세상을 고발하는 이야기가 스쳐 지나갔다.

현수(김혜수)와 순천댁(이정은), 이들 중 '내가'는 누구인지? 누가 죽던 날의 이야기인지도 궁금했다. 그가 김혜수인지 이정은인지, 누구냐에 따라 결이 다른 이야기를 그렸을 테니까. 포스터의 비주얼을 놓고 보면 피해자는 현수, 가해자는 순천댁…? 아니, 두 등장인물 다 제각각의 '내가'인가, 그들 각자가 '죽던 날'의 이야기를 씨줄 날줄로 엮었나?

그리고 그날 하루 동안의 이야기일지, 죽던 날까지의 이야기일는지. 가해자는 다수의 주변 인물인지, 경찰·검찰 등을 끌어들인 기득권인지? 타살에 의한 죽음은 아니지만 그럼에도 그와 다를 바 없는 자살을 택한 날에 관한 영화일는지…?

〈내가 죽던 날〉은 이처럼 호기심과 상상력이 꼬리에 꼬리를 물고 인 영화다. '죽던 날'의 이야기인데 우여곡절 끝에 세월이 한참 흐른 뒤로 점프컷(jump cut), 그때 우리 사회는 얼마나 달라질지를 묻는 내가 '죽던' 날과 '죽는' 날에 대한 영화일지 모른다는 생각도 들었다. 과거형이지만 미래형에 무게를 뒀을 거라고, 〈내가 죽던 날〉은 그렇게 저렇게 여러 갈래로 다가왔다.

그 중심에는 배우 김혜수와 이정은이 자리해 있다. 두 배우가 선택한 신인 감독의 데뷔작, 그런 만큼 예사로이 볼 작품이 아닐 것이라는 생각이 들었다. 〈내가 죽던 날〉에서 '내가'(필자가) 죽는 날을 생각하게 되고, 그날을 상상하던 중 '우물쭈물하다가 내 이럴 줄 알았다'고 씌어 있다는 한 저명 희곡 작가의 묘비명이 떠오르기도 했다.

세상은 이상적이지 않다. 삶은 완벽하지 않다. 완벽할 수 없다. 영화는 그런 세상과 삶을 탐색한다. 〈내가 죽던 날〉은 필자의 예상과 다른 영화다. 하지만 전혀 다르지는 않다. 제목 상의 '내가'는 경찰이 자살한 것으로 종결하려는 사건의 주인공인 여고생 세진(노정의)이다. 이 세진이 '죽던 날'은 형사 현수와 섬마을 아낙네 순천댁이 '죽어있던 날'이기도 하다. '내가'는 세 사람을 통칭한다. 〈내가 죽던 날〉은 이 세 여인의 살아도 사는 게 아닌 날들을 그렸다. 이어 생면부지의 세 연인이 서로를 들여다보면서 벌어지는 이야기를 엮었다. 그리고 동병상련을 뛰어넘어 연대와 일치를 이루고, 마침내 제각각 다시 살아가는 날들을 담았다.

현수는 세진의 일상이 담긴 CCTV의 영상과 유서·유품, 예전 담당 형사의 수사일지 등을 통해 그를 만나고 체험하고 상상한다. 섬의 주민들, 특히 세진과 함께 지내기도 한 순천댁을 탐문하면서 현재의 일그러진 삶에서 벗어나고 싶은 세진의 절박함과 조응한다. 자신의 처지가 세진과 다르지 않다고 느낀다. 세진은 또 하나의, 저 너머의 현수와 다름없는 것이다.

불의의 사고로 목소리를 잃은 '순천댁'도 현수의 생각과 다르지 않다. 그 역시 세진에게서 저 자신과 너무나도 닮아가는 실체를 본다. 장년이 아닌 10대 여고생이라는 점만 다를 뿐 미래를 포기한, 또 한 명의 체념의 덩어리를 마주한다. 그런 중 세진이 자기처럼 살지 않아야 한다고 생각한다. 그리고 "내겐 아무도 없다"는 세진에게 토로한다. "니가 남았다. 아무도 안 구해줘. (니가) 너를 구해야지"라고 일갈한다.

순천댁의 이 무언의 일침은 온 세상의 여성들에게 하는 사자후이기도 하다. 현수·순천댁·세진만이 아니라 이들처럼 아버지·남편·오빠 등등 남자들로 인해 삶이 망가진 여성들에게로 '내가'의 외연을 확장한다. 나아가 각각의 상처의 무게가 어떻든 아무 관계가 없던 현수·순천댁·세진 사이의 실낱같은 연결고리가 동아줄처럼 서로에게 힘이 되는 과정을 통해 인간사와 세상사의 따뜻한 이치를 설파한다.

〈내가 죽던 날〉은 '괜찮은 줄 알고 있다가 개박살 난' 사람들이 살아내는 삶을 그린 휴먼드라마다. 수사극 형식을 띠고 있지만 현수의 시점을 따르는 정중동의 카메라에 인물들 간의 사건보다 사건 속의 사연을 담은 일종의 성장드라마다. 각각의 사연들의 무게로 인해 그 탐색의 경험은 비록 밝지 않지만 마침내는 미소를 머금게 한다. 마지막 시퀀스의 친절함이 다소 아쉽기는 하다. 어쨌든 각 인물을 변화의 중심에 놓고, 죽어 있던 날에서 죽던 날, 그리고 생각보다 길다는 살아가는 날로 이어내는 각본·감독·배우의 삼위일체에 엄지를 세우는 바이다.

묻힌 역사 가시 하나에서 활어를
그려낸 〈자산어보〉연어술사

강익모
(영화평론가)

전 KBS PD 전세권은 방송만들기 외에도 타고난 달란트를 창의적인 연관 콘텐츠 제작에 쏟았다. 그가 쓴 〈황사영묵시록〉 역시 매우 심도 깊은 연구 끝에 간행되었다. 황사영, 정약전, 전세권 인물들의 공통점은 개인의 고통을 다중을 위하는데 썼다는 것이다. 영화 자산어보에 등장하는 텬쥬(天主)를 모시는 사람들이 죽음을 모면하려 하지 않은 것과 비슷하다. 막다른 고통의 순간에 신앙의 자유와 이성적 판단, 휴머니티를 위한 삶의 방향타를 타협하지 않는 고고함을 지녔던 것이다. 역사는 그것을 기록했다. 배교를 하지 않기 위해 택한 안타까운 순교는 그래서 후세에 오래 전하여지는 것일 것이다.

영화 〈자산어보(玆山魚譜)〉는 정치적 욕망을 가졌으면서도 그 바른 도리를 행하지 못하는 부류와 비록 먹을 것이 궁핍하였지만 도리 행하기는 게을리하지 않은 서민들의 극명한 대비다. 어족사전 한 권을 통하여 대비시킨인류 20항목, 무인류 19항목, 개류 12항목, 잡류 4항목, 도합 55항목이다. 이러한 약전의 실용성을 과하게 드러내지 않는 이준익감독의 터치 강도도 흥미롭다. 흑백화면 속 민초들과 관리들의 갈등에 집착하지 않고 본질을 벗어난 물고기 근연종을 분류하여 취급한 인물과 성격만들기는 훨씬 강렬하다. 비생물학자로 그저 선비에 불과한 약전이 사어(鯊魚)라는 항목만 근 20종을 다루는 장면을 강조한 것은 역사 속 영웅들의 고집을 상징적으로 드러낸 것 같다. 자(玆)가 흑이라는 뜻도 지니고 있음에 천착한 감독의 번득이는 상상력과 이야기꾼으로서의 감독의

기질이 느껴진다.

　　정치(政治)는 바르게 사람을 대하는 치세를 하라는 뜻이다. 제목에 함축된 선명한 기치가 지닌 힘은 막중한 동서고금의 바른정치의 이치를 역설한다. 본분을 망각한 탐관오리의 보잘 것 없는 잇속챙기기는 시대를 거르지 않고 횡행했다. 세금을 꼬박꼬박 바치고도 배를 곯았던 순박한 민초들의 모습을 극명하게 위정자들과 대비시키는 장면은 흑백논리 뿐 아니라 '위민'의 주체가 누구인지를 두드러지게 보여준다. 화려한 컬러보다 수수한 힘을 가진 조선의 먹과 붓을 닮은 색채는 신뢰하고 따를만한 민심의 리더인 관리의 기품을 떠올리게 하는 촉진성을 가진다. 어민들이 입은 마(麻)나 삼베 류의 질박한 모노크롬의 색상이 지닌 현실은 고관대작의 실크에 빗대어 수묵화를 닮은 모습으로 흑산이 아닌 자산이 되어 관객들에게 다가온다. 먹 속에서 '색'을 상상하게 만든 것이다. 색채가 필요함을 느끼지 못하도록 만들면서도 민초들은 스스로 고기를 구별할 줄 알고 어느 시기 어느 연근에 나가면 채렵할 수 있음을 깨치고 생활에 밀착한 실사구시를 행하는 점은 뜬구름 잡는 세도가들의 허상과 대비된다. 정치인이 민초를 먹여 살리는 것이 아니라 가난하고 불쌍한 백성들끼리 북돋고 인내하며 버텨온 민중의식을 보여주고 있다. 동·서해산 갑오징어 특징이라도 제대로 알고 '등 따숩고 배부르게 사는 것이 최고의 덕목'인 서민들과 달리 기름진 배를 실룩이며 유희하기 위한 양반사회층 삶과의 철학 대비다. 흑백이라는 장치로 유배라는 정치적 물리력에 놓인 올바른 '선비'의 전형을 발견하게 한다.

　　우리 민족의 기록정신과 그 방법은 사고와 실록을 보더라도 왕, 의궤 등 찬연함으로 치중했다. 영화 속 겨울 누빔 옷과 같이 민무늬 심성을 드러낸 백성들의 생생한 모습은 신윤복, 김홍도 등 소수 화가들의 그림 가치를 높게한다. 희귀하다는 이유 때문이다. 이 영화가 지니고 있는 정치인을 향한 백성들의 무언의 항변은 오늘날 민중들이 정치인들을 혐오하는 현실차원의 문제를 제기하고 있다. 정치인은 썩었어도 양민들은 도리를 알고 실천하며 산다는 우직한 생명의 힘을 간결하고 강렬하게 보여주었다. 휴먼 본질 자체의 중요성을 제시하고 있는 것이다. 이제 이준익 감독의 옛날 이야기 속 현대 사회를 반추하는 스토리텔링의 능숙함을 인정하는 것에 동의한다. 다음 그의 영화가 기대되는 이유도 현실의 어느 부분과 빗대어 고민할 것인가 하는 점이 흥미롭기 때문이다. 군더더기 없는 깔끔한 대사와 실록 등에 한 줄 밖에 서술되지 않은 물음표를 파고들어 상상하고 고민하는 치열함과 능숙하게 다룬 숨은 그림찾기는 이의를 제기하는 이가 드물다. 틈새를 비집고 들어가 그럴싸한 '대중적교훈'을 끌어내는 작법은 그의 트렌드다.

　이제 한 가지 부탁이 있다. 비대면 시대, 보다 더 마음 놓고 교실에서 학생들이 교과서 대신 영상으로 역사 공부를 할 수 있도록 하기 위한 제언을 하고자 한다. 과도한 상상력의 동원과 역사적 팩트를 세련된 각색으로 변환시키는 과정에서 필연적으로 발생하는 왜곡이나 두루뭉술한 고증은 세련되고게 방안을 찾고 정제할 필요가 있다. 올곧고 투박한 것은 민초들의 마음에만 있는 것이 아니라 역사를 정리하고 영화 콘텐츠로 역사를 재평가를 설득하는 영화 창작자에도 필요하다. 그래야 작가주의감독이라는 평을 장점으로 특화할 수 있을 것이다.

　그때 팩션이라는 측면에서 기묘한 상상력으로 인해 파생되는 창의적 영화 과학은 '역사의 영상자료화 표준'칭호를 얻는 이준익의 또 다른 수식어가 되어야 한다.

사건과 사건 사이에 놓여있는 서사와 감정들

홍상수의 〈인트로덕션〉(2020)

문학산
(영화평론가)

가을 하늘은 거리에 핀 코스모스 꽃보다 파랗고 소나무 숲에 불어오는 바람은 선풍기 보다 차갑다. 행인은 문득 거리에 서서 이렇게 아름다운 푸른 하늘과 부채보다 시원한 바람이 부는 아름다운 계절 가을을 맞이하여 감사의 기도를 드린다. 기도는 아름다운 계절과 시원한 바람을 보내준 자연에 대한 감사의 표현이며 이 아름다운 세상을 위해 자신도 알 수 없는 노력을 하고 싶다는 각오의 피력이다. 한동현(김영호 분)은 화면이 열리자마자 고개를 숙이고 기도를 하고 있다. 자신이 소유한 재산의 절반을 고아원에 바치겠다고 한다. 한동현의 배역을 맡은 배우 김영호는 〈밤과 낮〉(2007)에서도 파리에서 만난 옛 연인과 동침을 하지 않고 성경의 구절을 읽는다. 〈하하하〉(2010)에서는 이순신 장군으로 등장하여 조문경(김상경 분)에게 '매일 예쁜 시를 한 편씩 쓸 것과 항상 좋은 것과 아름다운 것'을 바라볼 것을 주문한다. 이순신 장군의 주문에 따라 문경은 시를 써서 성옥(문소리 분)에게 낭독하여 성옥의 마음을 얻고 원하는 행위를 하게 된다. 이순신 장군의 현몽은 문경의 삶에 긍정적 변화를 초래했다. 이 리듬은 이어져서 〈지금은 맞고 그때는 틀리다〉(2015)에서 새벽에 귀가하는 딸을 채근하던 엄마는 갑자기 새벽에 은은하게 퍼지는 종소리를 듣고 불상을 향해 합장을 한다. 기도는 진지한 신을 향한 염원이기도 하지만 일상의 삶에 성스러운 기운을 나란히 놓는 불일치의 생경함과 인물의 양면성을 드러내는 도구로 소환된다. 성령에 충만하여 예배를 마치고 교회에서 나오는 길에 주차문제로 몸싸움을 벌이는 교회의 성도처럼 성스러운 기도를 한 동현은 아들을 대기실에서 하릴없이 기다리게 한다.

　# 두 모녀는 베를린 거리에서 나무를 바라본다. 주원(박미소 분)은 의상 공부를 위해 베를린에 유학을 가고 어머니 친구(김민희 분) 집에 기숙하게 된다. 주원은 남자 친구 영호(신석호 분)가 베를린으로 찾아오자 그를 만나기 위해 어머니에게 양해를 구한다. 충동적으로 베를린을 방문한 영호에 대해 주원의 어머니는 못마땅해 하고 어머니의 친구는 '충동이 있어야 사람이 살아있는 것'으로 너그럽게 이해한다. 영호는 주원에게 베를린으로 유학을 와서 함께 공부하면 좋겠다는 계획을 세운다. 이 계획 역시 영호에게 충동적이며 주원에게는 나쁘지 않는 계획이다. 영호는 부친에게 유학자금을 어떻게 지원받았는지 또는 그들은 유학생활을 함께 하면서 사랑을 발전시켰는지 아니면 결별의 아픔을 맛보게 되었는지에 대한 의문은 관객의 몫으로 돌리고 여기서 서사는 중단된다. 인트로덕션은 있지만 본편은 생략된 영화처럼.

한의원에 방문한 연극배우와 영호의 모친은 해변 부근의 식당에서 술을 마신다. 영호와 친구가 당도한다. 영호의 근황은 영호 어머니의 대사로 설명해준다. 보이스 오버 내레이션 대신 두 사람의 대사로 '한의원에 방문한 배우의 조언과 격려로 영호는 배우의 길로 접어들었지만 지금은 배우의 길을 접을 것인가 계속 갈 것인가 갈림길에 서 있다'는 사실을 알 수 있다. 영호가 친구와 함께 도착한다. 영호는 연기가 힘들었던 이유에 대해 '여자 친구가 있는 상황에서 상대배우와 키스신을 연기하는 것' 때문이라고 말한다. 배우(기주봉 분)는 연기자의 태도에 대해 강도 높게 비판한다. 영호는 자리를 피해 자동차로 향하고 꿈속에서 주원을 만난다. 주원은 〈밤의 해변에서 혼자〉에서 영희(김민희 분)가 해변에서 나무 막대기를 꼽고 잠드는 장면처럼 해변에 누우려는 찰라 영호가 등장한다. 주원은 독일에서 독일 남자와 만나서 결혼하여 살다가 헤어졌다고 말한다. 두 번째 시퀀스에서 주원의 독일 삶이 궁금한 관객에서 주원의 개인사를 전해준다. 하지만 영호의 왜곡된 꿈은 주원이 결혼을 했다고 상상하는 것과 주원이 결혼을 했다면 이혼을 하고 자신에게 돌아오기를 바라는 소원의 마음으로 읽을 수 있다. 영호는 어머니가 숙소에서 바라보는 해변에서 바지를 벗고 바다로 뛰어든다. 〈밤의 해변에서 혼자〉(2017)에서 영희는 바다를 거리를 두고 바라보면서 사랑으로 인한 고통을 견디지만 〈다른 나라에서〉(2012)에서 안전요원(유준상 분)은 모항의 바다에서 수영을 하며 여행 온 안느(이자벨 위페르 분)와 텐트 안에서 사랑을 나눈다. 영호의 바다에 뛰어든 행위는 안전요원같은 사랑에 대한 적극성과 관계의 발전 가능성을 남겨놓는다. 이 장면은 영호와 주원

의 만남 이전에 놓여있는 인트로덕션이다.

홍상수의 〈인트로덕션〉은 모더니즘에서 출발한 작가가 초현실주의를 우회하여 미니멀리즘의 경계선을 그리고 있는 행보를 보여준다. 홍상수는 모더니즘도, 초현실주의도 미니멀리즘도 선택하지 않고 사조를 관통하거나 경계선을 밟고 가면서 홍상수의 독창성이라는 발자국을 남기고 있다. 이 영화는 첫 도입부만 보여준 시퀀스의 연쇄이면서 앞으로 일어날 사건과 이전에 일어난 사건은 모두 시퀀스와 시퀀스 사이에 던져놓는다. 고다르의 점프 컷이 한 신에서 컷과 컷의 연결 사이에 시간과 공간의 뭉텅이가 지나간다면 홍상수의 〈인트로덕션〉은 한 시퀀스 한 시퀀스 사이에 사건과 감정이 흘러간다. 비우면서 채운다는 미적 역설은 이 영화의 핵심이다. 시퀀스와 시퀀스 그 사이 놓여있는 누락된 이야기는 홍상수의 다른 텍스트의 일부로 채우거나 관객이 완성해야할 〈인트로덕션〉의 서사와 주인공의 감정 균열로 채워진다. 사실적이고 단순한 에피소드는 상상력의 개입을 개방하고 상상력의 넓이와 깊이를 관객의 몫으로 돌려주는 친절함까지 베풀고 있다. 〈인트로덕션〉은 모더니즘과 초현실주의와 미니멀리즘의 영토에서 계속 움직이고 있는 홍상수 텍스트의 변화에 대한 인트로덕션일 수도 있을 것 같다.

시선을 담지하는 인물 구성과 서사의 불균질성

〈세 자매〉

이수향
(영화평론가)

언뜻 〈세 자매〉라는 제목은 이 영화가 자매들을 다룬 〈작은아씨들〉류의 영화처럼 말랑말랑한 영화일 것을 기대하게 하지만, 이승원 감독의 전작들을 본 관객이라면 이 영화가 결코 녹록하지 않을 것임을 눈치챌 수 있을 것이다. 다만, 〈소통과 거짓말〉(2015)에서 '장선'의 기이한 성적 행각과 인물들의 자기파괴적인 양상을 그로테스크하게 그려냈음을 기억한다면, 그리고 〈해피뻐스데이〉(2016)에서 장애인, 트렌스젠더 등 흔히 약자로 얘기되는 존재들까지도 무자비한 가족의 내력 안에서 불편한 블랙코미디로 그려냈음을 기억한다면 〈세 자매〉는 이승원 감독이 각본을 쓰고 연출한 영화 중에서는 그나마 비교적 대중들에게 접근가능성이 높은 편이라 볼 수 있다.

줄거리는 다음과 같다. 희숙, 미연, 미옥 세 자매는 기혼 유자녀 여성들로 각기 다른 삶을 살아가고 있다. 첫째 희숙(김선영)은 꽃집을 운영하며 낡은 아파트에서 반항기 많은 딸과 함께 사는데, 가끔 나타나 돈을 뜯어가는 남편에게나 사람들에게 늘 쩔쩔매고 초라하게 산다. 둘째 미연(문소리)은 교수인 남편과 두 아이들을 두었으며 신도시의 새 아파트에 거주하는데, 교회의 성가대를 지휘하며 중산층으로 자리 잡은 것처럼 보인다. 셋째 미옥(장윤주)은 청과물 가게 사장인 남편과 남편의 고교생 아들과 함께 살고 있는데, 연극판에서 희곡을 쓰는 작가지만 쓰여지지 않는 글 때문에 괴로워하며 항상 술에 취해 있다.

세 자매가 화면에 처음 등장할 때, 카메라는 〈소통과 거짓말〉에서 '장선'의 등 뒤를 집요하게 따라붙던 카메라와 마찬가지로 그녀들의 등 뒤에서 위치하며 핸드 헬드로 흔들린다. 이러한 카메라의 무빙은 영화의 전체적인 구성에 있어 일종의 시선을 담지하고 있다는 점에서 중요하다. 요컨대 영화의 전반부는 자매들 각각의 어려움을 관조적으로 전시하는 데에 치중하고 후반부로 가면 이들의 고통의

근원에 놓인 사건을 복기하면서 그것을 인식론적 차원에서 끌어올릴 것이냐 아니면 수면 아래 잠복한 상태 그대로 둘 것이냐의 태도 앞에 이들을 서게 하는 것이다.

답보 상태인 인물들의 삶의 양태가 과거라는 알리바이를 통해 드러나는 과정을 보여주는 이 영화의 중핵 서사는 미연을 중심으로 진행된다고 볼 수 있다. 이들에게 수면 아래 묻어 둔 상처의 기억이 있음을 어렴풋이나마 인지하는 인물은 둘째 미연이기 때문이다. 그녀는 개신교의 신앙과 문화 속에 완전히 매몰된 채 살고 있는데, 종교가 주는 인식론상의 단순성과 일관된 교리적 질서, 무비판적인 공동체 의식이라는 토대들로 언니나 동생에 비해서 현실적 고통의 상황을 잘 견디고 있는 것처럼 보인다. 그러나 영화의 첫 장면부터 반복적으로 제시되는 흑백 시퀀스들-어린 미옥의 손을 꼭 잡은 채, 아빠에게 맞아 상처가 생기고 멍이 든 언니와 남동생 진섭을 바라보는 미연의 시선-은 꾹꾹 눌러 삭히는 화와 교양 있는 낮은 목소리라는 외피를 뚫고 튀쳐나와 결국 부친에게 '사과'하라고 외치게 만든다. 언니 희숙에게도 '미안한 일도 없는데 미안해 하지 말라'고 말한다. 그러니까 미연은 이 영화의 주제론적인 측면을 가장 명징하게 발화하는 인물이라고 볼 수 있다.

그러나 이 영화의 서사를 쌓아가는 리듬은 종종 돌올한 인물들의 대사나 태도 때문에 불균질하게 느껴진다. 요컨대 전작에서 감독이 보여준 그로테스크함이 주로 성적인 방만함이나 폭력의 선정적인 제시로 구성되어 왔던 것처럼, 이 영화에서도 종종 불편한 긴장감을 조성하는 장면들이 곳곳에 배치된다. 특히 희숙 캐릭터를 그리는데 있어 그녀가 가진 수세적인 제스춰와 비굴한 웃음, 남편의 극심한 폭언에 대한 반응 등에서 잔혹연극의 일종처럼 느껴지는 캐릭터의 과잉이 있다. 이는 배우의 뛰어난 연기로 인해 더욱 증폭되는데, 연극을 베이스로 오래 활동해온 배우 개인에게는 연기 운신의 폭넓음이 부여되기도 하지만 전체적인 인물들의 밸런스의 측면에서 캐릭터를 지나치게 소모적으로 사용하고 있다는 인상을 주기도 한다.

이에 비해 미옥의 캐릭터를 그려내는 방식은 또 다른 측면에서 문제적이다.

두 언니에 비해 과거의 상처에 크게 침윤되지 않은 듯 보이는 그녀의 괴로움의 근원은 '글'을 쓴다는 것, 즉 예술가로서의 에고에 있다. 자기애와 자기혐오 사이를 오가면서 널을 뛰는 감정과 행동에 주어진 '예술'이라는 과도한 면피성 의미부여가 이 인물을 상당히 공감하기 어려운 인물로 만든다. 마치 2000년대 초반의 화제작 〈엽기적인 그녀〉에서 '그녀'가 폭압적인 성격으로 남자친구를 통제하며 웃음을 유발하지만, 알고 보니 과거의 슬픈 내력 때문이었다는 식으로 인물의 성격적 개연성을 단순하게 전환했던 것과 비슷한 설정인 것이다. 나아가, 이 미옥이라는 인물에게 '엄마'라는 명목에 대한 집착을 추가하고, 이 전까지의 행동들을 형편없는 요리 실력 등 몇 가지 웃음을 유발하는 포인트로 손쉽게 마무리하려고 했던 점도 다소 낭비적인 설정으로 보인다.

이 영화에서는 특히 개신교의 아비투스와 관련된 많은 디테일들이 대사나 행동의 차원에서 핍진성 있게 제시되어 흥미롭다고 볼 수 있다. 그런 의미에서 영화의 결말은 피해자가 용서하지 않았는데 신에게 용서를 비는 종교적인 메커니즘에 대한 비판에 포커스를 맞춰, 개신교적 안온함을 배경으로 삼아 마련된 부친의 생일잔치라는 난장을 향해 나아간다. 이 생일 잔치에서 모든 배면의 분노가 쏟아지고 자매들의 상처의 근원이 폭로된다는 점에서 절정에 이른 연극 무대처럼 구성된 것으로 보이기도 한다. 하지만 그 치달은 분노는 부친의 '유리벽에 이마 찧기'라는 자기징벌적 제스춰에서 커트된다. 그리고 이어지는 마지막 해변 장면에서 딸들이 웃으며 일상적인 톤으로 부친을 언급함을 통해 이 갈등이 너무 쉽게 처리된다. 영화 전반적으로 깔린 문제의식에 비해 이전에 미연에게 희숙이 했던 말처럼 '가족이 역시 제일이다'로 결말이 다소 단순하게 봉합되는 부분이 아쉬움을 남기는 것이다.

또한, 조롱하듯 부정적인 이미지들을 여기저기 배치하면서도 끝내 미연의 종교가 철회되지 않는다는 점, 그리고 장로로 변신한 부친의 행동이 받아들여진다는 점에서 노년의 부친에게 새로이 놓여 있는 종교적 위상이 유지되어 끝내 개신교적 이데아가 손상받지 않는다는 것을 알 수 있다.

그런 의미에서 이 영화에서 세 자매를 통해 드러내는 주제론적 측면이 여

성에서 폭력으로 그리고 종교로 이동하고 있으면서도 결국 어느 한 부분도 뚜렷한 입각점을 드러내지 못한 채 가족 멜로드라마적 이상이라는 다소 모호한 결론에 이르고 있다고 볼 수 있다.

Korean Film Critiques

리뷰

국외영화

기독교적 토대 위의 〈미나리〉

강성률
(영화평론가, 광운대 교수)

〈미나리〉를 보면서 궁금했던 것 가운데 하나는 영어 제목이 왜 "water parsley"가 아니라 "Minari"인가, 라는 것이었다. 미국 자본으로 만들었고, 이민자들이 미국에 정착하는 내용이고, 따라서 미국에서 개봉할 영화를 미국인들에게는 무척이나 낯선 "Minari"로 정할 필요가 있었을까? 제목이 낯설면 그만큼 관객들에게 다가가기 쉽지 않다는 것은 상식 아닌가. 한국어로는 미나리라고 하더라도 영어 제목으로는 "water parsley"로 하는 게 맞지 않나 싶었다(물론 "Minari"가 minor와 앞부분의 스펠링이 비슷해 의도한 것이 분명 있을 것 같기는 하다).

의문은 제목만이 아니었다. 영화 속 캐릭터의 이름 역시 마찬가지다. 정말 기이하게도 이민 1세대인 아버지와 어머니의 이름이 제이콥과 모니카이다. 통상적으로 이민 1세대는 한국 이름을 사용하거나, 한국 이름과 미국식 이름을 혼용하지만, 영화에서는 그렇지 않다. 모두 미국식 이름을 사용한다. 다만 큰 아이의 이름이, 미국식으로는 앤이지만 한국 이름으로는 지영이라서 "지영 아빠", "지영 엄마"라고 아빠와 엄마가 서로를 호칭하는 것으로 보아 지영은 한국에서 태어났고, 둘째 데이빗은 미국에서 태어났다고 짐작할 뿐이다. 그럼에도 이들은 왜 한국 이름을 한 번도 사용하지 않는 것일까? 그보다 더 관심이 가는 것은 아버지와 아들의 이름이 성경식 이름이라는 것이다.

영화에서 중요한 인물인 아버지 이름은 제이콥(Jacob)이다. 성경에서는 야곱으로 알려진 이름인데, 익히 알고 있는 것처럼 쌍둥이지만 장남이 아니었던 야곱은 형을 속여 아버지 이삭에게 장남의 축복을 받아낸 인물로서, 형의 복수를 피해 도망가다가 루스에서 잠이 들었는데, 꿈에서 하늘에 닿는 사다리를 본 후 하나님의 축복을 받았다. 성경을 보면 이 부분에서 하나님은 야곱에게 말하기를, "네가 누워 있는 땅을 내가 너와 네 자손에게 주리니 네 자손이 땅의 티끌 같이 되어 네가 서쪽과 동쪽과 북쪽과 남쪽으로 퍼져 나갈지며 땅의 모든 족속이 너와 네 자손으로 말미암아 복을 받으리라."(창세기 28:13~14)라고 기록되어 있다. 아마도 한국에서 미국으로 이민 간 가족의 아버지를 야곱으로 호명해 '축복의 땅', '이민자의 땅' 미국에서 앞으로 이 가족이 축복 받을 것이라는 희망을 내포한 것 같다. 나중에 야곱이 이스라엘로 이름을 바꾼 것처럼, 이 가족은 미국에 완전히 적응하는 것은 물론 크게 성공할 것이라는 꿈도 당연히 지니고 있을 것이다.

숱한 남성 이름으로 이어지는 성경의 족보처럼 제이콥의 아들은 데이빗(David)인데, 성경식으로 칭하면 다윗이다. 거인 골리앗을 물리친 청년 다윗은

사울 왕 의
핍박을 피
해 도망 다
니다 결국
이스라엘의
왕이 되는
것처럼, 제
이콥의 아
들 데이빗
은 가난한

한국에서 부유한 미국으로 부모 따라 와 고생하지만, 병을 고치고 환경에도 적
응하면서 잘 살아갈 것이라는 욕망을 이 이름에 담고 있다. 왕까지는 아니라도
꽤나 성공했으면 하는 희망이 담긴 호명일 것이다(이렇게 볼 때 아쉬운 것은 어
머니와 딸 이름이 평범한 유럽식인 모니카와 앤이라는 점이다. 할머니의 이름
만 유일하게 한국식인 순자인 것은 그녀가 이들과 끝까지 함께 하지 못할 것이
라는 의미를 담고 있(을 것이)다).

영화에서 그들의 집에 처음으로 초대되는 인물은 백인 폴(Paul)이다. 폴은
성경의 바울을 칭하는데, 그는 구약의 그리스도와 청년 예수의 죽음을 연결해
오늘날의 기독교를 만든 인물이고, 예수의 죽음을 유럽의 고대 철학으로 재해
석해 기독교를 세계 종교로 거듭나게 한 인물이다. 이런 이름의 폴은 영화에서
기독교에 깊이깊이 빠져 있다. 일요일마다 그는 커다란 십자가를 지고 예수의
고행을 체험하고, 생활 중에서도 엑소시즘을 자주 행한다. 그에게 종교는 거의
삶의 전부이다. 이런 폴이 가족과 함께 함으로써 이들의 삶은 기독교와 떼기 어
려워졌다.

모니카가 아칸소의 시골에 불만이었던 이유 가운데 하나는 한인 교회가
없다는 것이었다. 그녀에게 종교는 중요한 사상의 기반이고 생활의 터전이다.
그래서 그녀는 순자가 뇌졸중으로 쓰러졌을 때 폴의 엑소시즘을 기꺼이 수용한
다. 제이콥은 그런 폴이 몹시 싫지만, 결국에는 그도 받아들인다. 아카소에서
생산한 야채를 팔러 대도시로 갈 때 폴이 축복해주자 거부하지 않고 그의 마음
을 이해한 것이다. 엔딩에서는 그렇게 거부하던, 막대기로 우물을 찾는 미신적
인 작업까지 돈을 주고 행한다. 이렇게 〈미나리〉에는 종교적 색채가 강하게 묻
어있다. 이뿐인가. 제이콥이 아칸소의 농장에 왔을 때 "에덴의 가든은 커. 이것

처럼"라고 말하면서 그곳을 에덴동산에 비유한 것도 그렇고, 그 에덴동산에는 제이콥이 가지 말라는 개울이 있고, 개울에는 실제 뱀이 나타나기도 한다. 데이빗의 병이 기적처럼 낫은 것도 에덴동산에서 살기 때문이라서, 기독교적 분위기를 빼면 설명하기 어렵다. 육체 노동에 지친 제이콥에게 모니카가 물을 부어 씻겨주는 장면은 세례 요한식의 세례를 떠올리게 하고, 엔딩의 불은 자신이 키운 첫 소산을 하나님께 제물로 바치는 구약시대의 제의 메타포일 가능성이 높다. 만약 후자의 해석이 맞다면 그 제사를 통해 데이빗의 병을 치료해 준 하나님께 감사를 올린 것이 되고, 그것을 한국에서 온 순자가 집행한 것이 된다. 그 집행 후 순자는 손자와 진정으로 하나가 된다.

이제 제이콥의 가족은 평안할 것이다. 하나님의 치유로 기적처럼 아들의 병이 났고, 감사의 제물도 바쳤으며, 선지자 폴도 있어 앞으로 축복 속에 살아갈 것이다. 그들이 정착한 곳은 영락없이 에덴동산이다. 영화 제목은 철저히 한국적인 〈미나리〉지만, 실제 영화 안에는 미국인들의 사상적 토대가 되는 기독교가 이처럼 깊이 포진해 있다. 이 영화에 미국인들이 열광한 것은 단지 이민자의 정착기를 다루었기 때문만은 아닐 것이다. 영화를 만든 감독은 실제 이민자의 후손인 정이삭(Isaac)이다. 이삭의 아들이 야곱이듯, 제이콥이 주인공인 이 영화 역시 정 감독의 아들일 것이다.

카메라 옵스큐라에 맺힌
서글픈 바니타스 정물화

〈더 파더〉 플로리안 젤러

윤필립
(영화평론가, 세종사이버대학교 한국어학과 초빙교수)

어두운 방에서 살짝 커튼을 걷은 후 창 너머로 어린 시절의 자신을 따뜻하게 바라보는 한 노인. 그 모습은 깜깜한 방에서 사물을 보는 것에 대해 기록한 다산 정약용의 〈칠실관화설〉을 떠올린다.

"맑고 좋은 날을 택하여 방의 창문을 모두 닫고 밖에서 빛이 들어오는 것을 모두 막아 실내를 칠흑과 같이 하되 오직 한 구멍만 남겨 애체(지금의 렌즈) 하나를 여기에 끼운 다음 눈처럼 흰 종이판을 가져다가 애체와 몇 자 거리에 놓고 받으면 모랩톱과 산봉우리의 아름다움과 더불어 대나무, 꽃, 바위의 무더기와 누각 옆으로 비스듬히 이어진 울타리가 모두 종이판 위에 떨어진다."

이것은 16세기경 서양의 화가들이 밑그림을 그리기 위한 도구로 사용했던 카메라 옵스큐라의 원리에 대한 설명이다. 라틴어로 '어두운 방'을 뜻하는 카메라 옵스큐라 속 피사체는 아주 좋은 상태의 채광이 필수 조건인 일상적 사물이라는 점에서 현실을 전제한다. 하지만 그것을 바라보기 위해서는 극단적으로 어두운 방 속에 스스로를 가둬야 하고, 그렇게 마주하게 되는 장면 또한 한쪽 벽면에 거꾸로 맺힌 상(象)이기에 마치 실재하나 실재하지 않는 환영처럼 느껴지기도 한다. 플로리안 젤러의 〈더 파더〉는 이렇게 어두운 방 안에 정지된 채, 현실적인 듯 비현실적으로 존재하는 그 옛날 바니타스 정물화 같다.

17세기 북유럽과 독일, 네덜란드 등에서 유행했던 그 정물화에서는 해골이나 뼈, 유리잔, 책, 연기가 피어나는 촛불 심지 등 일상생활 속 다양한 사물들의 정지된 모습을 포착함으로써 인간의 유한성과 그 존재 가치에 대해 의문을 던졌다. 그것이 〈더 파더〉에서는 알츠하이머성 인지장애를 겪고 있는 안소니(안소니 홉킨스 분), 그가 소중히 여기는 집과 시계 그리고 퍼즐처럼 흩어진 그의 조각난 기억 하나하나가 메멘토모리, 바꿔 말해 모든 것의 결론으로서의 죽음을 기억하게 만드는 단서로 작용한다. 그리고 이러한 단서들은 감독의 섬세한 연출과 정교한 미장센을 덧입고 스토리 전체를 촘촘하게 채워 나가며 관객들을 농락한다. 덕분에 영화를 보는 이들은 시종일관 안소니의 히스테리적 불안증을 불편해 하면서도 자신도 모르게 그것에 동참하게 된다.

이러한 가운데, 영화 속에서 알츠하이머성 인지장애와 불안증에 시달리는 아버지 즉, 안소니에게 안정감을 선사하는 존재로 그의 딸 앤(올리비아 콜맨 분)이 등장하지만 그녀가 안소니의 생활 반경 내에 있는 실존 인물인지 아니면 단지 안소니의 왜곡된 기억이 만들어낸 망상인지는 불확실하다. 그러한 의미에서 안소니에게는 휴식과도 같았던 딸(앤) 또한 플로리안 젤러가 만들어 놓은 안소니의 어두운 방 즉, 카메라 옵스큐라 속에 거꾸로 맺힌, 현실 같으면서도 비현실적인 허상에 지나지 않는다.

이렇게 본다면 앤이라는 존재는 현실과 망상의 매개체로서, 인간의 나약함을 극복하고 안정적인 일상을 선사하는 생의 의지의 재현인 동시에 일상으로의 복귀를 더욱 불확실하게 만듦으로써 한 인간의 삶을 불안과 공포로 뒤흔들어 놓는 촉매제가 되기도 한다. 그래서 그녀가 아버지의 집으로 올 때마다 안소니에게 주는 안정감은 그에게 불안이라는 양가적 감정을 동시에 불러일으키고, 그 불안은 결국 죽음 앞에서 나약하기만 한 유한한 존재로서의 인간을 직면하게 만든다.

이러한 인간의 유한성은 영화 속에서 안소니가 잃어버린 시계를 통해서도 잘 드러난다. 내 품에서 영원히 흐를 것만 같았던 시간도 언젠가는 안소니의 기억처럼 부지불식 간에 사라져 버리게 마련이기 때문이다. 그 때문에 앤은 안정감과 불안감을 동시에 안기는 딸이지만 안소니의 기억 속에서만큼은 앤만이 그의 유한성을 잠시나마 잊게 해 주기에 그녀라도 안소니의 곁에 있는 것이 영화를 보는 관객들에게도 안도감을 준다. 그러나 잔인하게도 플로리안 젤러의 카메라 옵스큐라 속 그 어떤 바니타스 정물들(그것이 사람이든 사물이든)에게서도 그러한 안도감은 사실상 기대하기 어렵다.

과연 앤, 그녀는 누구인가? 그리고 언제 오는가? 알 수 없기에 더욱 불안하고 그 불안을 오롯이 홀로 감당해야 하기에 다만 서글플 따름이다.

수준 높은 코미디 영화

〈어디 갔어, 버나뎃〉

박태식
(영화평론가)

사람들은 일반적으로 결말을 예측하기 어려운 영화에 맘이 끌리곤 한다. 만일 영화 시작부터 결론이 짐작되는 경우라면 자칫 긴장감을 놓을 수 있어서이다. 하지만 관객의 구미에 맞춰 연출하는 작업이 언제나 쉽진 않다. 이미 많은 영화를 섭렵한 약은 관객들은 감독의 의도를 앞서서 짐작해내는 데 익숙해 있기 때문이다. 그러니 더더욱 무엇인가 낯선 영화가 매력적인 법이다. 이를테면, 주변에서 쉽게 만나기 어려운 인물을 등장시키거나, 어디로 튈지 모르는 방향으로 이야기를 전개시켜나가면 일단 관심을 끌 수 있을 것이다. 명성 높은 맥아더 상을 받은 바 있으나 정신적으로 불안하고 사회의 위협이 되는 건축가.... 사실 이 정도면 충분하지 않을까? 〈어디갔어, 버나뎃〉(Where'd You Go, Bernadette, 리처드 링클레이터 감독. 극영화/코미디, 미국, 2019년, 109분)이 눈에 띈 이유다.

버나뎃(케이트 블란쳇)은 남편 엘지(빌리 크루덥)와 15살 딸 비(엠마 넬슨)와 가족을 이루고 산다. 엘지는 마이크로소프트사의 잘나가는 프로그래머이고 비는 공부를 꽤 잘 하는 편이라 들어가기 어렵기로 소문난 사립 고등학교에서 입학허가까지 받아놓은 상태다. 유능한 남편과 모범생 딸에 더해 경제적으로도 넉넉하지만 버나뎃의 인생은 무엇인가 늘 불안하다. 그녀는 본디 LA에서 이름을 날리던 건축가였는데 결혼하면서 남편의 직장을 따라 시애틀로 이주했고 지금은 건축 일은 등한히 한 채 평범한 가정주부로 살아가고 있는 중이다. 커피 잔에 고래를 가두어놓았다고나 할까? 사실, 도입부로만 볼 때 그리 색다를 게 없다. 다른 영화들도 그 정도의 설정은 곧잘 해 놓으니 말이다.

버나뎃은 감정기복이 심하고 무엇엔가 집중하면 넋이 빠지기 일쑤며 늘 제 멋대로 행동한다. 그런 이유로 이웃과의 관계가 최악으로 몰려간 상태다. 특히, 옆집의 오드리와 만날 때마다 맹렬한 적대감이 분위기를 주도한다. 사실 오드리 입장에선 한 동네 구성원으로 기본적인 예의 정도만 지켜달라는 요구를 하는 것이었다. 오드리 역을 맡은 크리스틴 위그는 미국의 인기 코미디 프로그램인 SNL에 고정출연할 정도로 역량 있는 배우이다. 그렇게 매번 부딪치는 두 사람을 볼 때마다 절로 웃음이 튀어나왔다.

버나뎃과 오드리 외에, 부인의 사정을 건성으로 듣는 남편, 엄마와 모든 일을 나누는 친구 같은 딸, 엘지의 가정 사에 이르기까지 오지랖을 발휘하는 주제넘은 비서 수린, 그리고 건축가로서 버나뎃의 진가를 알아주는 폴(로렌스 피시번) 등등, 감독은 하나하나 세심하게 관계를 설정했고 그 관계설정들을 기반으로 이야기 구성에 탄력을 부여했다. 그렇게 여러 각도에서 관찰한 덕분에 버나넷이라는 인물에 입체적으로 접근할 수 있었다. 리처드 링클레이터가 〈보이후드〉(2014), 〈스쿨 오브 락〉(2003) 등등의 명작을 남긴 감독이라는 사실을 기억하기 바란다.

영화 중간쯤에 이르러 잠시 '이 영화가 도대체 관객을 어디로 인도하지?' 하는 의문이 들었다. 뜬금없이 건축가 버나넷의 인생과 업적을 기록한 다큐멘터리가 등장하면서부터다. 다큐멘터리에 그려진 그녀는 촉망받는 건축가이자 저명한 건축 전문가들이 입을 모아 칭찬하는 예술가다. 그런데 현실은 고작 카펫 밑에 짓눌려있는 넝쿨이 자라도록 작은 구멍이나 내고 있는 처지였다. 반경 20마일 내에서 모든 건축 재료를 구했던, 자연친화적 건축가로서 감각이 아직 남아있다고나 할까? 감독의 의도대로 보다 큰 맥락에서 버나넷을 바라보지 않으면 남편 엘지처럼 그녀를 결코 이해하지 못할 것이다.

코미디 영화의 분류에 대해 좀 더 말해보겠다. 본디 '코미디'라는 용어는 고대 그리스 연극에서 비극의 반대편에 놓인 분야로, 인간의 삶에 녹아있는 모순, 곧 삶의 이율배반적인 양상을 다룬다. 그리고 코미디 영화의 분류도 기본적으로 연극의 분류를 따른다는 점을 기억해둘 필요가 있다.

우선 '블랙코미디'는 비극적인 내용을 유머로 담아낸다. 이를테면, 위조된 학력증명서를 갖고 과외선생 면접을 보러가는 아들이 "전 언젠가 이 대학에 들어갈 테니 학력위조는 아닙니다."라고 아버지에게 말한다. 그 때 아버지가 "넌 다 계획이 있구나!"라고 대견해하면 훌륭한 블랙코미디다. 그리고 슬랩스틱코미디에서는 주로 배우들의 과장된 연기에 바탕을 둔 소동이 벌어진다. 찰리 채플린의 영화들이 대표적이다. 그리고 일명 '하이코미디'에서는 개성 넘치는 인물들이 등장해 높은 수준의 대화를 나눈다. 〈어디 갔어, 버나뎃〉을 분류하자면 세상과 삶의 모순을 격조 있게 다루는 '하이코미디' 쯤 될 것이다. 그런가하면 떠들썩하게 관객의 혼을 빼놓은 '소동극'도 코미디 범주에 넣을 수 있을 것이다. 간단한 설명이었다.

코미디 영화로서 〈어디 갔어, 버나뎃〉의 압권은 버나뎃이 집으로 돌아왔을 때 엘지와 수린과 FBI 요원과 심리상담가 자넬 커츠 박사(주디 그리어)가 그녀를 나란히 앉아 기다리는 대목이다. 마침 폴에게 온갖 넋두리를 늘어놓고 오는 길이라 버나뎃의 기분이 그런대로 괜찮은 편이었다. 그 장면에서 (개인적으로) 고급스런 유머를 맛보았는데, 특히 자넬이 "좋은 생각이에요. 다들 심호흡하지요."하며 등장할 때 정점에 도달했다. 온갖 희한한 명칭名稱의 정신과 증상으로 무장한 자넬이 '우울증에 적응장애와 사회불안장애'라는 무시무시한 병명을 버나뎃에게 부여할 참이었다. 그저 감정기복이 남들보다 심한 정도인데....... 하이코미디의 본분인 풍자가 잘 살아있는 대목이다.

〈어디 갔어, 버나뎃〉은 부부 관계에 대해 다시금 생각할 기회를 주는 영화다. 버나뎃과 엘지는 결혼 후 서로에게 서둘러 적응해버렸다. 시애틀로 옮겨온 뒤 엘지는 일에 몰두하고 버나뎃은 거대한 폐가를 사서 자기 원칙대로 십 수 년째 느릿느릿 건축을 한다. 그녀의 삶은 오히려 외동딸 비를 돌보는 쪽으로 기울어져 있다. 그 사이 엘지는 물론 버나뎃 자신조차도 스스로 얼마나 창의적인 사람인지, 그리고 재능을 억누르면 사회적·심리적으로 어떤 부정적인 결과가 초래되는지 간과했다. 상대를 습관적으로 대하는 부부에게 도움이 될 법한 영화다.

다음으로 미국사회에 대한 풍자가 맘에 들었다. 물론 건축가의 시각으로 본 미국사회이기는 하지만 버나뎃이 폴과 식당에서 대화를 나누는 약 5분 정도의 내용이 아주 좋았다. 인간의 편의를 위해 어떻게 자연이 부서지고 잘 못 설계된 도로와 건축이 어떻게 도시를 망치는지 신랄한 비판이 이어진다. 버나뎃의 입에서 나오는 말은 거의 독설에 가까웠다. 영화를 보실 때 꼭 귀 기울여 들여야 할 대목이다.

영화를 한 번 더 봐야하겠다고 생각했다. 그리고 실제로 다시 보면서 자연스럽게 첫 장면에 집중했다. 그랬더니 카약을 타고 남극 빙하들 사이를 여유롭게 노 저어가는 버나뎃 뒤로 멋진 암시가 담긴 딸 비의 독백이 흘러나왔다. 인간의 뇌는 세월이 지나면서 온갖 위험신호에만 집중하느라 삶의 아름다움을 다 잊어버린다는 탄식과 더불어 뇌 역시 가끔씩 리셋이 되면 좋지 않을까 하는 바람이 들어있었다. 그 말을 맘에 담아두고 영화를 보니 이번에는 훨씬 이해가 잘 되었다. 독자 분들도 첫 장면을 꼭 맘에 새겨두길 바란다. 곧 이어 벌어질 현란한 상황전개에 정신을 뺏기기 전에 말이다.

이 영화는 '뉴욕타임즈'에서 84주 동안 베스트셀러에 오른 동명 소설 『어디 갔어, 버나뎃(Where'd You Go, Bernadette)』을 원작으로 만들어졌다고 한다. 복합적인 성격의 버나뎃을 표현하기에 적당한 배우로, 아카데미 여우주연상의 케이트 블란쳇을 캐스팅 했는데 〈블루 재스민〉(2013)의 재스민 역과 잘 통하는 역할이다. 무언가 정서가 불안한 인물로서 말이다.

코미디로서 나무랄 데 없는 영화지만 결말이 상투적인 게 약간 아쉬웠다. 그래도 이 만한 작품이 어디인가. 근래에 보기 드문 수준 있는 코미디였다.

'가족프로젝트'의 장소와 시간
〈페어웰〉

변재란
(순천향대학교 공연영상학과 교수)

코로나19로 원래 예정보다 1년 늦게 한국 관객과 만난 영화 〈페어웰〉은 '작별'이나 '이별'같은 한국어 영화제목이 아닌 원래 제목을 고수한다. 〈기생충〉에서 〈미나리〉 그리고 〈노매드랜드〉까지 아시아 출신 감독이 만든 영화의 약진과 빛나는 성과에 더하여 이 영화를 만든 룰루 왕감독은 "여성들에게 영화를 만들라고 격려하지 않아도 됩니다. 많은 여성들이 이미 영화를 만들고 있고, 만들고 싶어 합니다. 그들이 정말 원하는 것은 일입니다. 일할 기회를 주세요"라면서 클로이 차오에 이은 중국계 여성감독으로서의 자신의 정체성을 분명히 한다.

　　〈미나리〉가 미국에서 살아남으려는 한국 이민자들의 삶을 '미나리의 생태계'로 재현한 것처럼 영화 〈페어웰〉은 해외에 이민을 가서도 중국 본토에 머물고 있는 가모장인 할머니를 중심으로 여전히 공고한 가족관계의 힘을 상기시킨다. 룰루 왕감독의 자전적인 이야기에서 출발한 영화는 할머니가 폐암 말기로 여생이 얼마 안 남았다는 진단 이후 가족들의 반응과 빠른 대처방법을 따라간다. 웰 다잉이 곧 웰빙이라는 말이 인구에 회자되지만 가족의 죽음을 예고하는 병원의 진단은 여전히 감당하기 어렵고 더구나 그것을 당사자에게 전달하는 것은 쉽지 않은 게 사실이다. 암과 죽음을 다루는 수많은 영화들이 당사자가 그것을 받아들이는 성찰의 과정과 장례식으로 마무리되곤 하지만 이 영화는 그 과정을 결혼식이라는 가족잔치로 우회한다. 이런 탈바꿈에 개입되는 것이 거짓말

이다. 질병과 죽음으로 우울할 수 있는 가족영화가 넉넉한 웃음으로 버무린 따뜻한 코미디가 될 수 있었던 것은 바로 이런 거짓말로 시작된 새로운 '가족프로젝트'에 미국과 일본에 머무르던 자식들과 그 다음 세대인 그들의 자식들까지 협조해주었기 때문이다. 영화는 가족이라는 이름으로 그 프로젝트에 참여한 각각의 가족군상의 사연들이 이 프로젝트안에서 어떻게 발현되는지를 가족이 모이고 결혼식이 치러지는 과정에 녹여낸다.

　　그 과정에서 단연 주인공은 어릴 때 중국을 떠나 현재 뉴욕에 살면서 독립적인 자신의 미래를 희망하지만 아직도 진행중일 뿐 여전히 불확실한 처지라 주변에 두루 뭉실 거짓말로 자신을 변명해온 빌리(아콰피나 분)이다. 당사자에게 당연히 진실을 알려서 본인 스스로 죽음을 맞을 준비를 하는 게 맞다는 생각을 갖고 있는 빌리지만 막상 중국에 도착해서 할머니를 만난 후 원래 생각과는 달리 이 '가족프로젝트'에 동참하고 만다. 실제 중국인이 보기에 영화 속 상황이 너무 과장되어있다는 비판 때문인지 막상 중국에서 흥행실적은 저조했다고 한다. 하지만 그들의 부모들이 살았던 중국이라는 나라, 여전히 고향이라고 불리는 장소는 이민자로 살아가는 게 녹록치 않은, 현재 어디에도 속하지 못한 채 어정쩡한 2세대 이민자들인 젊은 세대들에게는 삶의 좌표를 확인하기에 대단히 적절한 장소가 된다.

　　당사자에게 죽음에 대한 불안과 걱정을 안기기보다 가족들이 그것을 나눠서 감당하는 것이 도리라 믿는 유교적 세계관 탓에 결혼식 당사자가 잔치의 주인공이 되지 못하고 죽어가는 어머니에 대한 울음 섞인 애정고백의 장소가 되고만 결혼피로연 역시 허물이 되지 않는다. 최근 구겐하임 지원조차 떨어져 좌절한 상태로 할머니를 찾아와 따뜻한 이별을 준비하던 빌리는 어릴 때 할머니와 언젠가 온 적이 있던 장소에 빌딩이 올라가 이전의 추억의 흔적은 찾을 수 없지만 거기서 여전히 누군가 살아가고 있는 것처럼 자신이 있는 장소에서 다시 시작할 수밖에 없다는 것을 발견한다. 그래서 영화는 언젠가 닥쳐올 사랑하는 이들과의 고통스러운 분리(이별) 없이도 따뜻한 지지와 응원속에서 떠나는 것이 가능하다는 것을 보여준다. 그러니까 〈페어웰〉은 헤어지기 전 따뜻한 격려와 당당함을 가득 담아 내민 할머니의 홍빠오 주머니가 보내는 당부인사이다. 이는 가족프로젝트를 통해 한걸음 내딛는 또 다른 시작이자 안부인사(farewell)의 시간이 되었다는 것을 의미한다. '중국식' 가족 프로젝트는 힘이 세다.

몸의 또 다른 형식으로서의
'소울'

〈소울soul〉

김장연호
(영화평론가)

　〈소울〉은 애니메이션 영화 감독인 피트 닥터(Pete Docter)와 시나리오작가인 켐프 파워스(Kemp Powers)가 공동연출하여 93회 아카데미시상식(2021)에서 음악상과 장편애니메이션작품상을 받은 작품이다. '소울soul'이라는 용어는 일반적으로 '영혼'이라는 의미로 해석되기도 하지만, 재즈, 리듬앤블루스, 가스펠송과 같이 미국흑인음악들을 아우르는 개념이기도 하다. 영화는 무명의 재즈피아니스트 조 가드너(이하 조)가 자신의 삶의 소중함을 일깨워가는 과정을 그린다.

　영화는 '소울'의 영혼과 흑인음악이라는 중의적인 의미를 살려 영화공간을 물질세계와 영혼세계로 나누고, 이 두 세계를 이어주는 중요한 요소를 '스파크spark'로 제시한다. 인간은 자신의 의지나 목적대로 삶꼴을 살지 못 할 때 인생자체가 무의미하게 느껴지곤 한다. 본인이 원하는 삶을 영위할 때에서야 제대로 스파크가 발동되어 행복감을 맛보곤 하는 것이다. 이 작품이 어른들을 위한 동화같은 애니메이션 영화라고 하는 이유는 자본주의 사회에서 자신만의 삶꼴을 찾기 힘든 사람들에게 필요한 '스파크'의 가치를 제안하기 때문일 것이다. 영화에서 스파크는 삶의 목적이 아닌, 삶을 지속할 수 있는 잔잔하고 일상적인 행복으로 제시된다.

　신체적 유물론에서 영혼은 이미 물질인 신체의 또 다른 형식으로 간주된다. 타자의 슬픔과 기쁨을 보는 것은 그 영혼을 대하는 것이고, 인간은 이러한 영혼을 통해 다양한 공적 세계와 연결된다. 그렇기에 토마스 아퀴나스는 영혼이 떠나간 신체에 시체라는 말 대신, '몸의 잔재'라는 표현을 쓴다. 영화에서 병원에 누워있는 영혼이 떠난 몸의 잔재만 남은 주인공 조 가드너(이하 조)보다 영혼으로 묘사된 조에게 관객들이 더 이입하고 관심을 갖는 것도 이러한 이유일 것이다. 그레이트 비포(The Great Before: 영화에서 태어나기 전 영혼들이 있는 세계)에서 주인공 조가 스파크가 없는 아기 영혼 22호와 함께 현실공간에 떨어질 때 착오로 아기 영혼 22호가 조의 신체에 빙의되고 조는 고양이의 몸에 빙의된다. 몸이라는 물질적 공간을 처음 느끼게 된 아기 영혼 22호는 인간세계에서 두려움과 무서움을 느끼기도 하지만, 맛있는 피자 한 조각과 햇살 가득 머금은 나무에서 떨어진 나뭇잎을 통해서도 삶의 기쁨을 경험하게 되면서 오랫동안 갖지 못했던 스파크를 갖게 된다.

〈소울〉은 몸과 영혼을 분리하여 '소울'이 가진 흑인문화 특유의 중의적인 의미들을 담고 있지만, 사후세계에서 묘사된 영혼이 된 조의 성격, 감정, 말투, 취향 등은 조의 몸에 체현된 현상들, 즉 신체에 각인된 조의 삶꼴들로 이루어져 있음을 알 수 있다. 그리고 그 삶꼴이 조를 조답게 하는 요소들임을 알게 해준다. 조의 도움으로 아기 영혼 22호는 스파크를 갖게 되어 드디어 지구세계에 가게 되고, 조 역시 사후세계 관리자에 의해 다시 자신의 몸과 합체 될 수 있는 기회를 갖게 된다.

〈소울〉은 현대사회에서 자신의 스파크를 찾지 못한 현대인들에게 삶의 소소한 행복과 더불어 삶의 과정에서 필요한 스파크가 무엇인지 깨달아가는 과정의 영화이다. 아기 영혼 22호와 피아니스트가 되는 것만이 자신의 스파크라고 믿는 한 재즈 피아니스트를 통해 사람마다 각각 있을 수 있는 스파크, 즉 자신의 진정한 소울을 찾아가는 여정을 그린다.

시리도록 아름다운 선택

〈블라인드〉

송연주
(영화평론가)

　북유럽의 시린 겨울, 과학기술이 막 발달했을 무렵인 시대, 외딴 저택에서 사는 루벤(요런 셀데슬라흐츠)은 후천적 시각장애로 세상을 볼 수 없다. 앞을 볼 수 없는 것을 비관해 몸도 마음도 어둠속에 갇힌 루벤은 누군가가 자신을 쳐다보는 것이 싫고, 신경질적이고 예민하다. 하반신이 불편한 어머니 캐서린(카테리네 베르베케)은 루벤을 위해 씻겨줄 사람, 책을 읽어줄 사람을 고용해서 루벤을 보호한다. 그러나 루벤은 자신을 케어해주는 사람들을 난폭하게 대하고, 소통을 거부한다. 새로운 낭독자인 마리에게도 루벤은 난폭하게 대하지만 그녀에게만은 루벤의 난폭함이 통하지 않는다.

　루벤처럼, 마리도 세상과 소통을 못 하는 사람이다. 마리는 백색증을 앓고 있다는 이유로, 어릴 때 어머니로부터 학대를 받아 얼굴과 손에 벤 상처가 가득하다. 마리는 사람들이 자신을 추하게 볼 것이라 믿으며, 오랫동안 사람들의 시선을 피해서 힘겹게 살아왔다. 마리가 좋아하는 것은 책. 루벤의 저택 서재에서 책을 읽고 싶은 마리는 이 집에서 오랫동안 일하려 한다.

　그래서 마리를 쫓아내려는 루벤과 저택에서 일하려는 마리의 욕망은 충돌하고, '볼 수 있는' 마리가 루벤을 제압한다. 영화에서 '본다'라는 것은 관계의 우위를 결정한다. '볼 수 있는' 마리는 루벤이 자신을 아름다운 여성으로 상상하도록 거짓말을 했고, 그에게서 아름답다는 말을 들어 행복해한다. '볼 수 없는' 루벤은 마리의 손등과 얼굴의 상처를 상처인지 모른 채 그녀를 '얼음꽃'이라고 부른다.

루벤이 마리를 통해서 청각, 후각, 촉각으로 세상을 느끼는 장면 연출은 음향까지도 탁월하다. 트라우마가 건드려질 때 들려오는 날 선 음악, 글을 낭독하는 마리의 목소리는 영화가 끝나고도 마음에 남을 정도다. 이는 루벤이 마음으로 이미지를 그려내는 것까지 나아간다. 루벤의 마음속 세상은 아름답고, 마리도 아름다운 여인이다. 루벤은 마리를 통해 새로운 세상을 만나고 새로 태어났다. 이는 마리를 의지하고, 그녀를 향한 사랑으로 이어진다.

두 사람은 모두 타인의 시선, 타인이 자신을 바라보는 자체를 두려워했고, 어둠 속에 자신을 감춰왔지만, 둘이 함께라면 서로에게 자유로울 수 있었다. 그러나 이들의 행복은 오래가지 못한다. 과학기술의 발달로 시력을 되찾는 수술이 가능해졌고, 마리를 보고 싶은 루벤은 수술을 선택한다. 그러나 아이러니하게도 루벤이 수술을 해서 마리를 보게 된다면, 더는 루벤 앞에서 아름다운 여성일 수 없기에 마리는 그의 곁을 떠난다. '볼 수 있는' 루벤에게 마리는 새로운 세계가 될 수 없기 때문이다.

〈눈의 여왕〉에서 카이의 눈에 박힌 거울 조각처럼 루벤이 눈으로 보는 세상은 아름답지만은 않다. 그에게는 마리와 함께 마음으로 보았던 세상이 눈으로 보는 세상보다 더 아름답다. 그녀와의 행복했던 시간을 되찾고 싶은 루벤. 그가 마리를 찾아다니는 것은 사랑하는 사람을 찾는 것이며 동시에, 자신의 아름다웠던 세계를 찾는 여정일 것이다. 그래서 루벤의 마지막 선택이 시리도록 아름답다.

세계 앞에 선 여자, 구로사와 기요시의 〈스파이의 아내〉

손시내
(영화평론가)

〈스파이의 아내〉는 일본의 거장 구로사와 기요시의 첫 번째 시대극이다. 〈해피 아워〉(2015), 〈아사코〉(2018) 등을 통해 세계적으로 주목받는 감독이 된 하마구치 류스케가 각본 작업에 참여해 이목을 끈 작품이며, 'NHK' 스페셜 드라마로 먼저 제작된 뒤 극장판으로 다시 만들어졌다. 줄곧 사람 사이의 거리와 마주 보기의 문제, 개인과 외부 세계의 마찰 등을 다양한 방식으로 다뤄왔던 구로사와의 영화적 관심사가 〈스파이의 아내〉에도 유려하게 스며있다. 영화는 태평양 전쟁 발발을 목전에 둔 1940년의 일본 고베를 배경으로, 전쟁의 시기를 살아가는 일본의 평범한 개인과 그 개인의 삶에 닥친 변화의 바람을 그려낸다. 여기엔 스파이 장르물 특유의 서스펜스가 어른거리지만, 여기서 중요한 건 첩보와 배신 등 눈에 보이는 스파이 활동이 아니라 당장 내 앞에 서있는 사람의 알 수 없는 내면에 대한 불안, 전쟁의 침투로 인한 삶의 불안정함처럼 좀처럼 시각화하기 어려운 정념과 상태다.

줄거리는 간단하다. 배경은 1940년 고베. 주인공은 무역회사를 운영하는 유사쿠(다카하시 잇세이)와 그의 아내 사토코(아오이 유우)다. 자국의 상황이 점차 약화되며 국민복 착용령 등 국민의 행동을 제한하는 명령이 내려지지만, 유사쿠와 사토코는 서구식 생활을 이어가며 일상의 평온을 유지한다. 사토코의 오랜 지인이자 헌병대 대장인 타이지(히가시데 마사히로)는 그런 둘을 예의주시하고, 무역 업무로 외국인을 만나고 외국에 직접 나가기도 하는 유사쿠의 행

보는 종종 스파이 활동과 결부된 의심을 받는다. 그러다 유사쿠가 만주에 다녀오면서 이들 부부의 관계가 전환점을 맞는다. 유사쿠와 그의 조카 후미오는 만주에 갔다가 히로코라는 묘령의 여인과 함께 귀국했는데, 타이지가 사토코를 따로 불러 취조하며 그 여자가 시체로 발견됐고, 이 일이 후미오와 모종의 관련이 있다고 알려주고는 당신들 부부도 처신을 조심해야 한다는 말을 남긴다. 유사쿠가 사토코에게 말하지 않은 비밀은 과연 무엇일까. 사토코는 몸을 숨기고 있는 후미오를 찾았다가 그가 몰래 번역한 일본군의 생체 실험 자료를 건네받는다. 그제야 유사쿠는 만주에서 본 참혹한 광경을 이야기하고, 세계에 자국의 만행을 알리겠노라 말한다. 하지만 전쟁 중인 일본에서 스파이의 아내가 된다는 건 너무 큰 대가를 치러야 하는 일이다.

　밀반입된 비밀 서류, 의문의 죽음, 도피, 의심, 발각 등 첩보물을 이루는 기본적인 요소들이 적재적소에 사용되며 긴장감을 자아내지만, 〈스파이의 아내〉의 가장 육중한 서스펜스는 보이지 않는 심연에 있다. 부부는 종종 믿음이란 단어를 입에 올리고, 당신을 믿는다는 단언도 스스럼없이 한다. 그러나 과연 정말로 그럴까. 과연 사토코는 히로코라는 여자와 아무런 관계가 없다는 유사쿠의 말을, 정의를 위해 비밀을 폭로하려는 유사쿠의 결심을 곧이곧대로 믿는가. 이 부부에게 서로의 마음을 제대로 아는 건 짙은 안개 속을 헤매는 것처럼 어렵기만 한 일이다. 왜인가. 둘이 함께 있을 때조차 결국 둘은 다른 곳에 서 있기 때문이며, 그래서 다른 곳을 바라보고 있기 때문일 것이다. 남편의 동지가 되길 자처하는 사토코에게 따로 떨어져 움직이다가 미국에서 만나자며 유사쿠는 이렇게 말한다. "떨어져 있으면 더 강한 유대감이 생겨." 두려움에 떠는 사토코를 달래기 위한 말이겠지만, 이는 뜻을 함께하고 마음을 나누는 일이 단지 물리적 거리를 좁히는 것으로 달성되지 않는다는 점을 일러준다. 〈스파이의 아내〉는 어쩌면 마지막까지도 서로를 이해할 수 없는 두 사람이 거리를 좁혔다가 다시 멀어지는 이야기인지도 모른다.

　둘 사이의 모종의 거리는 좁혀지지 않지만, 사토코는 어느 시점까지 유사쿠와 뜻을 함께하기 위해 마치 팀을 이룬 듯이 움직인다. 이때 중요한 것이 바로 필름이다. 부부는 만주에서 관동군이 저지른 만행이 낱낱이 담긴 필름을 해외로 반출하고자 목숨을 건 도박을 한다. 그리고 보면 만주에 다녀온 두 남자 유사쿠와 후미오는 의심에 휩싸인 사토코에게 이렇게 말한 적이 있다. "당신은 아무것도 보지 못했어." 이 말엔 그러니 우리를 이해할 수 없다는 뜻이 담겨있고, 만약 보게 된다면 지금처럼 살 수는 없으리라는 의미가 들어있다. 영상을

통해 참상을 목격한 사토코는 유사쿠와 함께 하겠다는 결단을 내린다. 그러나
그렇다고 해서 사토코가 정말 그것을 '보았다'고 말하긴 어려울 것이다. 사토코
의 동기는 사랑, 질투, 애착 등 복잡다단한 감정과 관련돼 있고, 필름에 담긴 참
상을 목격하는 것은 결코 그 자체를 목격하는 것과 같지 않다. 영화는 내내 그
처럼 본다는 것과 인간 행동의 동기에 대해 명확한 설명을 제공하지 않고, 그
구멍을 끝까지 메우지 않고 둔다. 그렇게 맨 마지막 장면에 도달해 영화는 마침
내 자신의 두 눈으로 전쟁의 참상을 목격하는 사토코의 얼굴을 보여준다. 개인
이 경험하는 세계의 한계치가 끝을 모르고 치솟는 순간, 개인의 삶을 찢고 들어
오는 외부의 폭력, 〈스파이의 아내〉는 결국 그러한 것들 앞에 선 한 여자에 관
한 영화다.

KOREAN

FILM

CRITIQUES

Korean Film Critiques

신인평론상

[장평] 너무 먼, 너무 가까운 얼굴들: 사프디 형제 감독론

- 〈헤븐 노우즈 왓〉, 〈굿타임〉, 〈언컷 젬스〉를 중심으로

정우성

〈언컷 젬스〉(2019)의 마지막, 하워드(아담 샌들러)는 미소를 짓고 있다. 언젠가 그가 보석 안을 뚫어져라 쳐다본 후 "쌀 것 같다"고 말한 것처럼 하워드의 슬며시 벌어진 입과 풀린 동공은 그 미소가 오르가즘에서 비롯한 것처럼 보이게 한다. 하지만 그는 이미 죽은 상태다. 다만 가장 행복한 순간에 죽었다. 자신의 모든 것을 건 도박에서 성공하고 치사량과 같은 쾌감의 폭풍 속에 사망한 것이다. 이 쾌락과 공허의 모순된 미소는 〈언컷 젬스〉의 엔딩을 마주하는 관객의 얼굴과 거울처럼 대면하게 된다. 영화는 극단적으로 팽팽하게 당겨진 줄과 같은 긴장 속으로 관객을 몰아넣다 어느 순간 툭 하고 줄을 잘라버리고, 이때 폭발하는 해방감과 허무함이라는 양가적 감정의 소용돌이는 죽음의 얼굴과 쾌락의 얼굴이 겹쳐진 하워드의 텅 빈 얼굴 속 검은 구멍으로 빨려들게 하며, 그 통로를 따라 산란하는 빛과 어둠은 우리를 우주라는 공허하지만 평온한 종착점에 이르게 하기 때문이다.

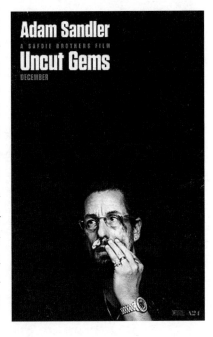

이처럼 하워드의 마지막 순간과 같이 공허하지만 평온한 종착점에 위치한, 감정과 영혼을 잃은 듯한 텅 빈 얼굴은 사프디 형제의 영화에서 과잉으로 증식하는 수많은 얼굴 중 특별한 존재감을 발산하고 있다. 〈언컷 젬스〉와 마찬가지로 이야기의 종착점에 나타나는 〈굿타임〉(2017) 속 코니(로버트 패틴슨)의 텅 빈 얼굴은 경찰에 체포당한 자의 체념의 얼굴이기도 하지만 쳇바퀴처럼 실패로 회귀하는 자신의 행위가 감옥과 같은 이야기 구조 속에 있기 때문임을 깨달은 자의 망연자실한 얼굴이며, 마약에 취해 영혼을 잃은 듯 늘어져있는 얼굴들로 채워진 〈헤븐 노우즈 왓〉(2014)이야 말로 자아를 잃고 내 안이 텅 비어버린 얼굴들의 영화라 말함에 부족함이 없다.

쾌락과 환영에 취해 의식의 경계에 있는 것(헤븐 노우즈 왓), 내가 속한 현실이 막다른 길 안을 맴돌고 있는 꿈과 같은 것임을 깨닫는 것(굿타임), 죽음의 얼굴을 통해 우주와 접촉하는 것(언컷 젬스)처럼 범람하는 얼굴들 속에서 유독 도드라져 보이는 이 공허한 얼굴들은, 표정에서 비롯한 허무의 감정이 단지 장르적 구성이나 플롯의 마지막 단계에 그치지 않음을 드러낸다. 그것은 눈덩이처럼 구르며 커져가는 사태들, 감정들의 운동이 만들어내는 긴장과 피로의

반대편에서, 닫힌 구조의 이야기, 현실과 픽션을 뒤섞는 연출과 같이 장르적 해석만으로 설명이 부족한 장치들과 맞물리며 영화가 현실을 바라보는 고유의 시선을 만들어내는 핵심적 이미지로 작동하는 것이다. 그러므로 사프디 형제의 영화를 단순히 표면에 드러난 것들만으로 욕망과 중독에 관한 영화로 읽거나 특출난 장르 영화로 읽는 것으로는 어딘가 부족해 보인다. 따라서 하워드의 텅 빈 얼굴에 난 구멍을 따라 우주의 빛과 어둠에 닿은 것처럼 끊임없이 움직이고 흔들며 낮은 심도와 좁은 화각으로 위태롭게 포착한 신경쇠약 직전의 얼굴들과, 그것의 종착점이자 목적지인 평면적으로 납작해진 이미지의 얼굴을 동시에 말하며 그 얼굴들 뒤편에 있는 것이 무엇인지 알아볼 필요가 있다. 이를 통해 우리 시대의 존 카사베츠, 네온 빛으로 물들인 리얼리즘, 마틴 스코세지를 잇는 뉴욕 시네마의 기대주라는 화려하지만 공허한 수식 속에 가려진 진짜 사프디 형제 영화의 얼굴에 대해 말할 수 있다.

가까이서 본, 흔들리는, 얼굴들

끊임없이 얼굴들을 나열하는 것, 거의 얼굴들의 부딪힘만으로 한 씬을 구성할 수 있는 과감성, 신경질적이고 불안정한 얼굴들을 망원렌즈, 줌, 핸드헬드로 부산히 움직이고 흔들어 포착하는 스타일 혹은 형식적 특성은, 당연히 사프디 형제가 존경해마지 않는 존 카사베츠의 영화에 빛을 지고 있다. 때문에 형식이 불러일으키는 감각 또한 비슷한데 망원렌즈의 좁은 화각과 얕은 심도는 프레임의 불안정함을 만들고 이것이 카메라가 포착한 인물의 감정에 전이되는 것처럼 느껴진다. 또한 핸드헬드의 움직임과 타이트한 쇼트 위주의 구성은 산만함과 긴장감 그리고 불안감을 배가 킨다. 여기서 사프디 형제의 영화가 카사베츠의 영향 아래 그들만의 시선 혹은 아이덴티티를 획득하는 지점은 둘의 유사한 형식적 특성을 장르적으로 변주하였다는 것과 얼굴이라는 표면적 이미지 뒤편의 인물들의 존재 방식에서 찾아볼 수 있다. 이 중 형식적 특성의 장르적 변주는 직관적이며 감각적으로 특별한 논거 없이 즉물적으로 확인할 수 있는 사실이니 후자에 대해 중점적으로 이야기해보자.

먼저 카사베츠의 영화 속 인물들은 현실적인 땅에 발을 딛고 있다. 예컨대 〈얼굴들〉, 〈영향 아래 있는 여자〉의 가정이라는 밀접한 관계에서 오는 갈등들은 가시적으로 제시되지 않지만, 과거라는 시간과 기억을 축적한 여성의 얼굴과 말들, 관계들에서 짐작 가능하며 이 갈등의 징후들은 조금씩 불안과 긴장을 만들며 어느 순간 폭발한다. 이 폭발의 순간에 넘쳐흐르는 히스테리컬한 상황의 연속은 보는 관객으로 하여금 어쩔 줄 모르게 만들며 극단적 감정의 소용돌이 안에서 몸서리치게 만든다. 그리고 이 모든 소란이 잦아들면 부딪히고 파편처럼 나뒹굴었던 갈등이 봉합되거나 미묘하게 변화된 인물 간의 관계로 인한 평온함이 찾아오고 그 고요한 결말은 그들에게 모호한 미래가 열려 있음을 알려준다.

반면 사프디 형제의 영화 속 인물들은 당장 눈앞에 벌어진 사건 만이, 과거나 미래가 아닌 현재만이 존재한다. 〈헤븐 노우즈 왓〉에서 할리(아리엘 홈즈)는 오늘만 보며 사는 홈리스이며 그녀의 과거는 제시되지 않을 뿐만 아니라 짐작도 하기 힘들다. 그녀는 오로지 마약을 구하고 하루 잠을 자고 먹을 수 있는 지금만을 생각한다. 물론 〈굿타임〉의 코니나 〈언컷 젬스〉의 하워드에게는 꿈꾸는 미래가 있는 것처럼 보인다. 하지만 그 미래란 일확천금과 같이 현실에 발을 딛지 않은 꿈과 같은 것이며 그것을 위해 미래가 아닌 삶의 모든 것을 걸고 도박을 하거나 범죄를 저질러야만 한다. 또한 카사베츠의 영화 속 인물들의 히스테리컬하고 과장되어 있는 감정이 과거부터 축적되어온 인물 간의 관계에서 오는 것이라고 한다면 사프디 형제의 영화 속 감정과 갈등은 관계가 아닌 인물들이 어찌할 수 없는 운명과 같은 상황과 우연적 사건에 기인한다. 할리와 코니

그리고 하워드는 정해진 운명/우연에 의해 실패하고 상황은 점점 더 나빠지며 불안정해진다. 그들이 할 수 있는 것은 앞만 보고 허우적거리거나 발버둥 치는 것밖에 없다. 그렇다면 사프디 형제가 발버둥 치는 인물들, 벗어날 수 없는 악몽처럼 운명/우연에 속박된 인물들로 말하고자 하는 것은 무엇인가?

그것에 대한 힌트를 카사베츠와 같이 비슷한 형식적 유사성을 지닌 프레데릭 와이즈먼의 〈티티컷 풍자극〉(1967)에서 찾을 수 있다. 매사추세츠주의 범죄인 전용 정신병원의 생태를 담고 있는 이 다큐멘터리는 인터뷰와 내레이션, 자막을 배제하고 객관적인 사실만을 담아 진실을 구축하려 한 '다이렉트 시네마'의 의도를 갖고 제작되었지만, 극단적으로 잦은, 더욱 확대 된 얼굴 클로즈업의 활용과 망원렌즈의 특성으로 인해 핸드헬드와 줌과 같은 다큐적 형식의 현장감과 상반되는 기이한 감흥과 독특한 시선을 영화에 불러일으킨다. 대부분 종신형을 받은 범죄자이자 비정상으로 명명 당한 다큐 속 인물들은 감옥이라는 현실 안에서 꼼짝없이 갇힌 상황에 놓여있다. 흥미로운 것은 이 인물들이 카메라라는 프레임에 포착되어 다큐라는 (논)픽션으로 재구성 될 때도 갇힌 상황이라는 사실이다. 그것은 〈티티컷 풍자극〉이 정신병원 속 인권유린과는 상반되는 아이러니한 파티장면을 처음과 끝으로 배치하면서 시작과 끝이 동일한 원형의 구조로 구성하고 있기 때문이기도 하지만 이 수미쌍관의 구성을 제외하더라도, 일정한 구성 없이 파편적으로 진행되는 다큐에서 유일하게 명확한 결말로 제시되는 한 수감자의 죽음과 장례식이 지옥과 같은 현실을 벗어나는 방법은 오로지 죽음뿐이라는 사실을 확인시키는 닫힌 결말이기 때문이다. 감옥이라는 현실적 조건에 갇힌 인물들은 (논)픽션의 프레임 안에서도 죽음과 이야기 구조 안에 속박되어있다.

정상과 비정상의 경계에 갇혀 감옥 이전의 삶을 꿈꾸고 말하며 노래하는 이 인물들은 때때로 분노에 차 있거나 감정을 표출하기도 하지만 그러한 순간에도 그들의 얼굴은, 사프디 형제 영화의 공허한 얼굴과 같은, 영혼을 잃고 텅 비어 있는 얼굴처럼 느껴진다. 〈티티컷 풍자극〉은 이러한 얼굴들을 멀리서 관찰하지 않고 극단적이고 집요하게 얼굴들을 확대하여 관객들에게 제시한다. 이때 개입하지 않고 객관적이고 사실적으로 보여주기 위한 형식들은 더는 리얼리즘적으로만 느껴지지 않는다. 우리가 얼굴이라고 인식하는 범위를 넘어 확대된 클로즈업들은 망원렌즈의 광학적 특성 때문에 한 인간의 얼굴을 개별자의 얼굴이면서 동시에 인물의 공허한 얼굴과 공명하는 평면적이고 납작한 이미지로 느꺼지게 한다. 그 납작한 이미지란 마치 얼굴이라는 리얼리티의 표면을 극단적으로 가까이서 보았을 때 현실이 가리고 있던 죽음이라는 필연적 결말 뒤에나 확인하게 될 고깃덩어리, 단백질 덩어리의 육신을 미리 보는 것과 같다.

조금 멀리 돌아왔지만 카사베츠, 〈티티컷 풍자극〉과 사프디 형제의 유사성은 그들의 영화 속 이미지를 이해하기 위한 두 가지 시선을 제시하고 있다. 하나는 카사베츠적인 얼굴의 감정-이미지이자 좁은 화각, 얕은 심도, 끊임없이 움직이는 카메라의 위태로움으로 포착한 불안정함, 긴장감을 만드는 감각의 장르적 변용이고 다른 하나는 〈티티컷 풍자극〉과 같은 극단적인 망원-클로즈업 이미지의 활용이 만든 평면적이고 비현실적인 특성이 그 리얼리즘적 형식이 구축한 사실성을 위태롭게 만들거나 모호하게 만드는 것 또는 사실적이라 부르는 현실의 이면의 것을 드러내는 것이다. 예컨대 〈헤븐 노우즈 왓〉은 카사베츠적인 인물의 관계에서 오는 극단적 감정 다툼과 혼란스러운 상황, 홈리스의 사실적인 삶의 모습으로 시작하여 마약에 취해 현실과 환영 사이에서 헤매는 경계의 삶을 비춘다. 이는 홈리스의 삶을 담는 다큐적인 이미지 같으면서도 어느 순간 약에 취한 자의 의식처럼 비현실적인 이미지처럼 느껴지거나 일리야가 할리의 휴대폰을 빼앗아 하늘로 던지자 밤하늘의 폭죽처럼 터져버린 것처럼 완전히 비현실적인 순간이 되어버리기도 한다. 사프디 형제는 마치 약에 취해 보는 것인지 보지 않는 것인지 알 수 없는 TV에서 흘러나오는 "고통과 쾌락은 떼어 놓을 수 없지"라는 대사처럼 서로 반대의 성질처럼 보이는 현실과 비현실이 떼어낼 수 없는 동전의 양면이라 생각하는 것 같다.

다만 〈티티컷 풍자극〉이 극단적 클로즈업을 통해 가까이 다가갈수록 보이는 얼굴 이면의 것들에 대해 말했다면 사프디 형제는 극단적으로 가까이 다가간 이미지와 극단적으로 멀리서 바라보는 양극단을 번갈아 제시하며 현실과 비현실이라는 양면에 대해 말한다. 〈헤븐 노우즈 왓〉에서 바늘구멍에 실을 넣기 위해 집중하는 할리의 과도하게 확대된 얼굴 위로 보이스오버로 흘러나오는 일리야(케일럽 랜드리 존스)의 말처럼 아주 멀리서 말이다. "(칼)세이건이 했던 말 알아? 지구가 푸른 점이고 …… 우리가 하는 짓들이 좋은 것도 나쁜 것도 없다잖아, (왜냐하면) 바로 여기를 빼놓고는 온 우주에는 아무 일도 안 일어나니까. 사랑이든 증오든…"

멀리서 본, (비)현실

그렇다면 얼굴들이라는 모티브를 통해 사프디 형제의 형식들을 가까이에서 보았으니 이제 위에서 아래를 내려다보는 시선으로 그들의 여러 영화에서 반복되어 나타나는 이야기 구조에 대해 말할 차례다. 〈헤븐 노우즈 왓〉의 결말에서 일리야는 할리와 함께 플로리다행 버스를 타고 가다 갑자기 혼자 버스에서 내려, 어느 폐건물에서 우연한 사고로 불에 타 사망한다. 할리는 뒤늦게 버스에 내려 일리야를 찾다 다시 마이크(버디 듀레스)에게로 향한다. 마치 영화의 처음으로 되돌아온 것처럼 마약과 노숙의 일상으로 복귀한 것이다. 여기서 이상한 것은 뉴욕으로 되돌아오는 일리야의 선택과 우연한 죽음이다. 이 선택과 죽음에는 납득 가능한 이유가 없다. 그는 뉴욕을 벗어나면 안 된다는 명령 혹은

중력과 같은 물리법칙이라도 작용한 것처럼 행동한다. 그리고 일리야의 우연한 사고는 다시 제자리로 돌아간 할리와 대비되며, 〈티티컷 풍자극〉처럼, 이 폐쇄적인 구조 안에서 벗어나는 길은 죽음밖에 없음을 알리기 위한 장치로 작동한다.

다음 작품인 〈굿타임〉의 경우 이 폐쇄적인 세계관을 과감하게 드러내어 구조가 갖는 의미를 좀 더 직접적으로 나타낸다. 그 시작은 오프닝 시퀀스에서 코니와 닉의 범죄와 실패 그리고 닉의 체포와 코니의 도주라는 결말로 짧지만 강렬하게 제시된다. 이 간결한 이야기는 코니와 코리(제니퍼 제이슨 리)가 코리의 어머니의 돈을 빌리려(훔치려)다 실패하는 것을 시작으로, 병원에서 동생을 탈출시켰(훔쳤)지만 레이를 동생으로 오인한 실패였고, 레이가 숨겨 놓은 마약을 놀이공원에서 찾았(훔쳤)지만 결국 경찰에 잡힘으로써 실패하는 것으로 반복된다. 그리고 닉의 대체재 혹은 닉의 역할을 맡은 코리와 크리스탈은 사라지거나 경찰에 체포되고 닉으로 오인했던 레이는 사망함으로써 코니의 실패는 오프닝과 완전한 대구를 이룬다. 이처럼 오프닝 시퀀스와 거의 같은 역할과 이야기 구조, 결말을 변주하여 여러 번 반복하는 것은 영화가 지닌 폐쇄적인 이야기 구조를 가시화하여 이것이 일종의 픽션임을 의식하게 한다. 이는 일반적이지 않은 오프닝 크레딧의 위치와 엔딩 시퀀스의 역할을 통해 더 명확해진다.

〈굿타임〉의 오프닝 크레딧은 보통의 영화들과 달리 오프닝 시퀀스가 끝난 후에 등장하여 오프닝 시퀀스라는 원본과 이후 복사본의 경계처럼 보이게 한다. 또한 이 오프닝 크레딧은 닉이 체포되어 고충을 겪는 장면들 위에 나타나면서, 감옥에 갇힌 닉의 상황과 운명적 실패라는 이야기 구조에 갇힌 코니의 모험 또한 묘한 대구를 이루고 있다. 더욱 흥미로운 것은 닉만 등장하는 장면과 코니만 등장하는 장면의 관계이다. 오프닝 시퀀스와 코니의 모험이 원본과 복사본의 관계라고 한다면, 감옥에 있던 닉, 더 넓게는 상담을 받던 닉에서 시작해서 다시 닉 혼자만 남은 장면으로 수미쌍관으로 끝이 날 때 코니가 등장하는 장면이 복사본이라는 비유를 넘어 환상 혹은 오프닝 크레딧 이후에 시작되는 영화라는 환영과 같다는 생각에 이르게 한다. 특히 경찰차 안에서 자신의 반복된 실패가 감옥과 같은 이야기 구조 안에 있음을 깨달은 듯 카메라를 바라보는 코니의 클로즈업이 닉의 클로즈업으로 연결되면서, 코니의 모험을 닉의 시선으로 감싸 안거나 바라보는 것처럼 구조화되어있는데 이는 코니의 하룻밤이라는 영화, 꿈, 환영을 바라보는 관객에 대한 비유처럼 느껴지기도 한다.

그러나 〈굿타임〉의 오프닝 시퀀스와 코니의 모험은 원본과 복사본의 관계라 단정지을순 없다. 분명 원형과 같은 이야기에서 증식하며 복사되고 있지만, 여기에 원본과 복사본이라 부를 만한 위계가 없기 때문이다. 대신 이 모티브는 영화 속에 중첩되어 모호함을 가중시킨다. 이를테면 은행 강도를 하며 흑인 가면을 썼던 코니는 코리와 크리스탈의 연인, 아픈 동생을 돌보는 형, 놀이공원 경비원과 같은 다른 정체성의 가면을 연기한다. 이 가면들은 코니이면서 코니가 아닌 인물이다. 그렇다면 정말 〈굿타임〉의 핵심적 레퍼런스였을 영화지만 현실과 허구라는 원본과 복사본을 바라보는 태도에서 반대에 있는 마틴 스콜세지의 〈특근〉(1985)과 비교해보자. 하룻밤이라는 시간, 반복되는 실패, 처음과 끝이 맞물리는 원형의 구조는 정말 두 영화가 비슷함을 알 수 있다. 하지만 〈특근〉은 완전히 비일상적인 밤의 시간, 꿈의 시간이라는 토끼굴에 들어간 엘리스의 모험과 같은 영화이며 주인공인 폴(그리핀 던)은 그런 비일상의 세계에서 축출되어야 할 외부인이다. 때문에 그가 이 비현실적인 꿈과 같은 밤의 세계를 벗어나는 방법은 스스로가 완전한 비현실이 되는 것 뿐이다. 결국 온갖 고충을 겪고 쫓기던 폴은 스스로 조각상이라는 예술작품-비현실이 되어서야 일상으로 돌아온다. 여기에서 일상과 비일상, 현실의 시간과 비현실의 시간적 구분은 명확하다. 〈특근〉은 그 꿈과 같은 순간의 매혹과 두려움을 향유하는 영화이다.

반면 〈굿타임〉은 다르다. 리얼리즘을 기반으로 언뜻 모던한 그림자를 비추

던 〈헤븐 노우즈 왓〉에서 더 나아가 사실적인 범죄극과 하룻밤 꿈과 같은 이야기 사이에 모호하게 서 있다. 코니의 모험은 핸드헬드, 스테디캠으로 끊임없이 움직이는 카메라로 인해 현장감 있는 다큐적 이미지로 느껴지면서, 반대로 망원렌즈와 클로즈업이라는 삼차원의 공간감이 거세된 평면적 얼굴 이미지의 극단적 활용과 색이 혼용된 표현적인 조명 아래 모든 것이 비현실적으로도 느껴진다. 또한 동생을 되찾으려는 코니의 절박한 감정과 동물처럼 움직이는 역동성은 팽팽한 불안과 긴장이 넘치는 장르적인 이야기 같으면서 반복되는 닫힌 구조의 이야기를 통해 모든 것이 환영과 같은 픽션임을 지시하는 모던한 영화인 것도 같다. 즉 〈굿타임〉에서 현실과 비현실 혹은 원본과 복사본의 경계는 모호하다. 마치 〈티티컷 풍자극〉에서 정상과 비정상 사이에 존재하는 수감자들의 현실이 감옥임과 동시에 그들을 포착하는 (논)픽션의 이미지 또한 죽음으로써 끝이 나는 감옥이었던 것처럼 말이다. 하지만 이렇게 반문할 수도 있을 것이다. 현실과 비현실의 원본과 모사품의 위계 없는 모호한 관계라니? 단순히 반사회적 인물들이 나오는 장르 영화의 관습적 구조에 과도한 의미 부여를 하고 있는 것 아닌가?

우연과 운명

그것에 대한 마지막 해답은 영화라는 픽션 안으로 픽션 밖 현실을 끌어들이는 사프디 형제의 연출 방식에서 확인할 수 있다. 그들은 원본이라 할 수 있는 실화 혹은 현실의 실제 인물을 복사본인 픽션 속에 등장시켜 원본과 같은 역할을 부여한다. 예컨대 자전적 논픽션 〈뉴욕에서의 미친 사랑〉의 작가이자 주인공인 아리엘 홈즈는 이것을 기반으로 한 영화 〈헤븐 노우즈 왓〉에서 본인 역할의 할리를 맡아 연기한다. 또한 〈언컷 젬스〉에서 케빈 가넷(본인, 이후 KG)과 위켄드(본인)는 본인의 과거이면서 픽션인 이야기를 연기하고 있으며 실제 마약으로 감옥에 다녀온 전과가 있는 버디 듀레스는 그와 비슷한 역할의 인물들을 〈헤븐 노우즈 왓〉과 〈굿타임〉에서 맡는다. 이를 단순히 비전문 배우를 기용하여 사실성을 획득하는 장치로 보기엔, 특정 배우들이 영화라는 픽션 밖의 실재 인물과 동일인이라는 정보를 미리 알지 못한다면 영화 감상에 아무런 효과를 기대할 수 없다. 대신 사실과 허구, 현실과 비현실의 경계를 모호하게 바라보는 태도 또는 시선을 대변하고 있음은 확인할 수 있다.

특히 〈언컷 젬스〉에서 실제 KG가 출전한 셀틱스와 세븐티식서스의 2012년 플레이오프 7차전 경기를 현실과 동일하게 영화 안에서 활용하여, 이미 과거에 일어났던 사건을, 도박의 대상으로 삼으면서 그 생각을 더욱 심화시킨다. KG라는 인물과 과거에 존재했던 해당 경기 결과를 모르는 관객에게 〈언컷 젬스〉 속 도박 결과는 우연에 불과하지만 KG와 그의 경기를 아는 관객에게 이 승리는 예정된 운명이다. 그렇다면 실제 인물을 픽션 속에 동일인 역할을 맡김으로써 사실성을 강화하려는 목적은 7차전 경기 결과를 알고 보았을 때 더 효과적으로 이루어지게 될까 아니면 그 반대일까? 먼저 결과를 모르고 모든 것을 우연으로 본다면 허구라는 그럴듯한 사실로서 자연스럽게 감상하게 될 수도 있지만 반대로 자주 반복되거나 과한 우연은 이야기의 작위성으로 파악될 수도 있다. 마찬가지로 운명과 같은 결과를 알고 보는 것 또한 현실과 동일한 사건과 그것을 뒷받침하는 실제 자료화면을 통해 영화를 더 사실적으로 느껴지게 하지만 반대로 이미 정해진 결말로 인해 이 영화가 계산된 의도로 작동되는 세계라는 것을 자각하게 되어 덜 사실적으로 느낄 수도 있다.

사실 답은 간단하다. '관점에 따라 다르며 모순되어 보이는 둘은 동시에 존재한다'는 것이다. 〈언컷 젬스〉는 절대 정상적이라 볼 수 없는 반사회적 인물을 따라 답답함과 긴장감으로 산만하게 몰아붙이는 장르가 중심인 영화이기도 하지만 도박이라는 우연과 운명적 실패를 같은 자리에 놓으면서 그것을 바라보는 관점과 시선에 대해 말하는 영화이기도 하다. 때문에 하늘이라는 높은 곳에서 아래를 바라보는 것으로 시작하여 땅 깊숙이 박혀있던 보석 안으로 들어갔다가 인간의 장기를 경유해 우주로 향하는 고점과 저점을 유영하는 시선을 보여준 것이다. 가장 높은 곳에서 촬영된 익스트림-롱쇼트에서 가장 가까이서 촬영된 익스트림-클로즈업 사이를 왕복운동 하는 것. 이것의 의미를 가장 직접적으로 드러내는 장면은 하워드가 KG에게 보석을 팔며 받은 돈으로 마지막 베팅을 하는 장면에 있다. KG는 하워드에게 이 오팔을 아프리칸 유대인들에게 얼마로 구매했는지 묻는다. 하워드는 10만 달러에 샀다고 사실대로 이야기한다. 그러자 KG는 에티오피아 흑인들에게 100만달러 가치의 보석을 10만달러에 강탈해왔다고 비난한다. 하워드는 그 비난을 간단하게 방어한다. "에티오피아 광부들이 얼마 버는지 알아? 10만 달러면 그들의 평생 벌 돈의 50배야"

같은 지구에 살면서 누군가에겐 평생 벌 돈의 50배의 돈을 적은 듯 이야기 나누는 유대인 하워드, 흑인인 KG와 같은 흑인이자 유대인인 에티오피아 광부의 운명을 결정한 결정적 차이는 무엇일까? 이것을 각각의 개별자인 인간과 가까운 곳에서 본다면 남반구와 북반구의 빈부격차로 인한 벗어날 수 없는 운명과도 같은 것이지만, 아주 멀리서 본다면 개인이 선택할 수 없는 아프리카와 미국이라는 다른 공간에 태어났다는 도박과 같은 우연. 그것 하나뿐이다. 〈언컷 젬스〉가 뉴욕에서만 진행하여도 충분한 이야기를 굳이 에티오피아에서 시작해 우주로 끝을 맺는 것은 바로 이 우연이자 운명이 되는 불가해한 우주의 질서를 좋은 것도 나쁜 것도 아닌 물리법칙과 같은 것으로 바라볼 수 있는 가장 높은 곳과 낮은 곳의 시선으로 동시에 보여주기 위해 선택한 것이다. KG가 처음으로

보석을 손에 쥐고 그 안을 들여다보았을 때 보석 안에서 쏟아져 나온 이미지에는 그러한 우연들의 집합체가 응축되어 있다. 빛과 어둠, KG의 과거, 에디오피아의 광부들, 아프리칸 흑인들의 역사가 몽타주로 스쳐 지나간다. 하워드의 말대로 중간계의 물건, 공룡이 바라보았을 보석, 1억 1000만 년 된 오팔의 관점에서 인간의 삶은 찰나의 것이고 인간이 운명이라고 생각하는 것은 우연에 불과하다. 반대로 가장 낮은 곳, 인간의 좁은 시간관 안에서 우연에 의해 결정된 삶의 조건은 하나의 운명이다.

그렇다면 우연과 운명이 같은 말의 다른 표현인 것처럼, 사프디 형제의 영화 속 현실과 비현실의 관계 또한 다른 관점으로 동시에 본다면 정반대의 것이 아니라 둘을 구분할 수 없는 같은 말의 다른 표현인 것이다. 이제 칼 세이건을 인용했던 일리야의 말과 〈언컷 젬스〉 속 우주의 이미지들이 자연스럽게 이해가 된다. 심원한 우주의 시간에서 푸른 점에 불과한 인간의 삶은 찰나에 스쳐 지나갈 환영과도 같은 것이지만 그것을 아주 가까이서 현재라는 지속하고 있는 순간의 관점에서 본다면 생동하는 운동이며 각각의 존재감을 발산하는 개별적인 존재자의 삶이기도 하다. 그리고 영화 밖 현실과 영화 속 픽션을 뒤섞는 방식 또한 이해가 된다. 예컨대 앞서 이미 과거에 일어났던 사건을, 도박의 대상으로 삼는 행위가 영화 속에서 과연 리얼한가? 라고 물었던 질문은 질문 자체가 잘못되어 있었던 것이다. 사프디 형제의 영화에서 현실과 비현실은 카메라에 포착 된 이미지처럼 존재했지만 현재는 존재하지 않는, 리얼한 것이면서 리얼하지 않은 실재인 것이다. 이는 〈헤븐 노우즈 왓〉처럼 납작해진 클로즈업 이미지의 극단적 활용을 통해 리얼리즘적 표면에 균열을 내거나, 〈굿타임〉처럼 완벽한 밸런스로 장르적 쾌감과 현실의 가상성에 대한 모던한 감각을 아주 절묘하게 어느 쪽에도 치우치지 않으면서 자연스럽게 합일시키는 탁월함을 통하거나, 〈굿타임〉과 같은 균형을 이루지 않고 장르적 감각과 산만한 형식을 극단적으로 밀어붙여 그 과잉의 부조화가 쾌감과 허무함의 기묘한 양가성의 매혹을 만드는 〈언컷 젬스〉의 어느 순간을 통해 알레고리나 메타포와 같은 언어의 의미화가 아닌 형식과 구조, 이미지를 통해 직관적이고 감각적으로 전달된다.

너무 먼, 너무 가까운

　　결국, 사프디 형제의 영화는 〈굿타임〉과 〈언컷 젬스〉가 익스트림-롱쇼트에서 시작해서 익스트림-클로즈업으로 끝이 나는 것처럼 가장 높은 곳과 낮은 곳에서 양극단을 짚으며 삶/현실의 사실성과 가상성을 동시에 바라보길 원하는 것이다. 특히 그들의 영화가 더욱 놀라운 것은 이러한 현실과 영화(비현실)의 유사한 존재론적 특성을 가시적이거나 과시적인 방식이 아닌 탁월한 장르적 성취 안에 자연스럽게 녹여놓았다는 사실에 있다. 실재 인물을 픽션 속에 동일한 역할을 맡김으로써 사실성을 강화하면서 역설적으로 비사실성을 강화하는 장치가 되는 것과, 일반적으로 다큐적이라고 부르는 핸드헬드, 줌 을 사용하면서 그것을 극단화하여 비현실적인 이미지의 감각을 같이 획득하는 것이 그러하며, 인물의 욕망과 감정을 담은 불안하고 격정적인 인간의 얼굴을 극단적으로 확대하여 고깃덩어리 같은 탈-인간화된 이미지와 겹치거나, 여러 인간의 관계들 사건들 속에서 흔들리고 부딪히고 산화하는 삶의 역동성과 장르적 쾌감을 필멸자라는 운명에 갇힌 인간의 공허와 동시에 감각하게 하는 것이 바로 그러하다. 마지막으로 사프디 형제의 이러한 현실을 바라보는 양가적 시선을 간단히 요약한다면 바로 지금, 이 순간의, 지속하고 있지만 어느 순간 사라질지도 모르는 현재라는 찰나를 포착하는, 끝없이 흔들리는 망원-클로즈업의 리얼리즘/반리얼리즘이라 말할 수 있을 것이다.

[단평] 〈도망친 여자〉의
마지막 장면이 주는 매혹에 관하여

정우성

　　극장 문이 열리고 감희(김민희)가 들어온다. 앞서 극장을 찾았을 때와 같은 음악이 흘러나오고 그녀는 객석에 앉아 스크린을 바라본다. 카메라는 자신이 바라보는 것에 몰입한 감희의 얼굴로 다가갔다가 천천히 고개를 돌려 스크린을 비춘다. 그러면 음악이 잦아들고 바닷가와 너무나 고요한 파도 소리만이 가득하다. 그리고 그 바닷가는 앞서 보았던 흑백의 화면이 아닌 스크린이라는 막의 질감을 숨기지 않는 수많은 점 위에 물결치는 푸른 빛의 수평선이다. 끝이 보이지 않는 화면 속 바다처럼 〈도망친 여자〉를 여러 번 다시 보면서 매번 감탄하게 되는 이 장면은 영화 전체를 다시 보지 않을 때도 반복해서 감상하곤 한다. 한 번, 두 번 그렇게 셀 수 없을 정도로 여러 번 반복하지만 감흥은 마모되지 않고 해변으로 밀려드는 파도처럼 마음 깊숙한 곳 안까지 천천히 퍼져나가며 바닥으로 가라앉는다. 분명 앞에 놓인 극장 장면이 거의 같은 행위이지만 단

순히 영화 관람이라는 정보만을 전달하는 것에 비해 전혀 다른 매혹을 만드는 마지막 장면에는 마땅한 차이가 있을 것이다.

먼저 〈도망친 여자〉와 홍상수 영화들의 관계부터 시작해본다. 〈도망친 여자〉는 〈그 후〉, 〈풀잎들〉로 이어지는 관찰자를 주인공으로 한 작품의 연장선에 있는 영화다. 비선형적 구조가 전면에 나서게 된 〈옥희의 영화〉부터 〈클레어의 카메라〉까지, 조금 예외적인 〈우리 선희〉를 제외하면, 이 시기의 영화들은 중심 인물이 가진 갈등 혹은 딜레마가 영화 전체의 구조와 호응하는 형식의 작품이었다. 예컨대 〈북촌 방향〉의 성준(유준상)이 옛 여자(김보경)와의 사랑의 실패를 마치 반복 강박처럼 반복하는 이야기는, 그 삶의 고통을 견디게 해주는 꿈과 같은 방어기제이면서 동시에 스스로가 그 고통으로 구조화된 시간 안에 갇히는 이야기인 것이다. 반면 관찰자 영화는 그러한 갈등과 고통으로 인해 미로가 되어버린 세계 안으로 들어간 여행자의 이야기이거나 마치 메타적으로 홍상수의 영화들을 탐험하는 외부인의 여정이다. 〈그 후〉의 아름(김민희)이, 홍상수 영화에서 늘 보아왔던 인물들과 사건의 전형인, 봉완(권해효)과 창숙(김새벽)의 실패한 사랑이 구조화되어 뒤죽박죽으로 뒤섞여 버린 시간의 미로 안에 들어갔다가 봉변을 당하고 빠져나오는 것처럼 말이다.

아마 이 세계의 진정한 외부인이라고 할 수 있는 〈자유의 언덕〉의 모리(카세 료)와 〈클레어의 카메라〉의 클레어(이자벨 위페르)가 원형처럼 보이는 관찰자적 영화들의 주요 모티브 중 하나는 클레어가 "무언가를 바꿀 수 있는 유일한 방법은 모든 것을 아주 천천히 다시 쳐다보는 것"이라 말한 것처럼 무언가를 바라본다는 행위에 있다. 〈풀잎들〉은 카페라는 좁은 공간 안에서 굉장한 감

정적 소란이 벌어졌음에도 각 테이블에 앉은 무리끼리 서로를 보지 못하는 기이한 공간의 영화이다. 여기서 마치 극을 이끌어가는 사회자처럼 혹은 동시에 상연 중인 연극을 보는 관객처럼 유일하게 모든 것을 바라보는 사람은 아름이다. 아름은 "내가 귀가 밝은 것을 모르지?"라고 자신의 관찰자로서의 위치를 확신하지만 "너무 뒤에서 관찰당하는 것 같아서요. 이야기 다 듣고 계신 거 아니에요?"라고 말하는 경수(정진영)에 의해 자신의 위치를 박탈당하고 그 무리로 들어간다. 또한 〈강변 호텔〉은 각각의 고민을 지닌 홍상수 세계의 속 남성성과 여성성 사이에서 헤매다 죽음이라는 탈출구로 빠져나간 영환(기주봉)의 이야기이다. 영환, 아들들, 여성들 사이에서 유일하게 아버지를 제대로 보지 못하고 여성들은 전혀 보지 못하는 인물들은 아들들이다. 여기서 본다는 것은 카메라 뒤편의 선 것과 같은 시선의 권력을 가진 것과 같다.

〈도망친 여자〉는 앞서 언급한 영화들에 비해 보다 명확하고 단순한 영화다. 이야기 구조는 에피소드를 나누듯 정확히 세 파트로 나뉘며 각 파트는 감희가 지인을 방문하고 한 남자를 만난다는 같은 모티브를 변주한다. 반복되는 배경의 산과 새소리, 사과와 같은 사소한 반복점들 그리고 남편과 떨어져 있는 것이 결혼 후 이번이 처음이라는 감희의 반복된 대사를 활용한다. "우리는 매일 붙어있죠. 떨어져 본 적이 없어요. 지금이 처음이에요. 결혼하고 5년 동안 이번 빼고 하루도 안 떨어져 있었어" 이 영화를 끝까지 감상하고 나면 남편과 떨어져 3명의 지인과 만나는 감희의 이야기를 통해, 이 말이 자신의 단란한 결혼 생활을 거짓으로 꾸며서라도 자랑하고 싶은 그녀의 마음이거나 또는 감희의 세 번의 여정이 선형적 이야기가 아닌 각각 다른 차원의 비선형적 이야기라고 생각하게 된다. 특히 "같은 이야기를 계속하는데 어떻게 진심일 수가 있겠어"라고 말하는 우진(김새벽)의 대사는 그러한 모호함에 확신을 두게 한다. 이처럼 〈도망친 여자〉에서 홍상수가 늘 해오던 반복과 변주, 이야기 구조를 통해 이야기의 사실성에 의심을 갖게 하는 장치는 매우 투명하고 직접적인 방식으로 배치되어 있다. 이러한 투명한 반복의 배치 중 이전의 영화들과 다르면서 〈도망친 여자〉의 가장 핵심적인 장치가 되어 불투명성과 신비로움을 만드는 것은 바로 스크린을 바라보는 행위에 있다.

감희는 첫 파트에서 CCTV를 통해 면접을 다녀오는 이웃집 여성과 영순(서영화)을 바라본다. 그리고 두 번째 파트에서도 초인종 모니터를 통해 수영

(송선미)과 젊은 시인의 다툼을 본다. 사실적인 이미지가 왜곡되어 보이는 두 영상을 바라보는 장면에서 감희는 관음을 하듯 카메라가 없었다면 보지 못하는 것을 본다. 감희의 존재를 모르는 이웃집 여성과 젊은 시인은 누군가 자신을 보고 있다는 것을 알지 못한다. 여기에는 앞서 언급한 시선의 권력이 존재한다. 물론 이 영화는 시선-권력에 대해 무언가를 말하는 것은 아니다. 다만 권력이라고 표현할 만한 힘이 있다고 말한다. 그 힘에 대해 말하기 위해 〈도망친 여자〉의 가장 이상하고 이해 불가능한 부분인 첫 파트 건물의 3층에 관해 이야기해보자. 감희는 자다 일어나 덜 깬 목소리로 영순에게 말한다. "언니 3층의 비밀이 뭐예요? ...... 그런데 3층에 못 올라가게 해요?" 영화 속에서 3층에 대한 아무런 정보 없이 갑자기 등장하는 건물의 3층에 대한 이 대화는 영화 전체에 아무런 기능을 하지 않는다. 두 번째 세 번째 파트에서 변주하여 반복하지 않고 단지 첫 파트에서 이상한 방식으로 등장하고 이후 잊혀진다. 이 장면에서 우리가 알 수 있는 것은 단지 감희가 3층을 보고 싶어 한다는 사실이다. 너무 더러워 보여주지 않는, 볼 수 없는 대상을 보고 싶어 하는 것이다.

우리가 볼 수 없는 것 여기에 없는 것을 보기 위해 필요한 것은 카메라와 스크린이다. 때문에 감희는 CCTV를 통해, 스크린 초인종을 통해 본다. 그리고 마지막 세 번째 파트에도 스크린이 등장한다. 여기에는 아무런 인물도 없다. 넓게 펼쳐진 바다만이 덩그러니 있다. 시선-권력이 아니라 카메라를 통해 무엇인가를 본다는 것에는 힘이 있다는 것을 방증하는 장면이다. 클레어가 믿었던 것처럼 마술과 같은 매혹의 힘, 카메라를 통해 무언가를 보고 싶어하는 욕망 또는 스크린이 불러일으키는 매혹 그것은 바로 '영화'이다. 그동안 홍상수 영화의 극장 장면에서 영화가 영사 되고 있는 스크린은 한 번도 등장한 적이 없었다. 〈지금은맞고그때는틀리다〉, 〈밤의 해변에서 혼자〉의 극장에서 포커스를 맞추고 있는 것은 영화가 아니라 영화를 보고 있는 인물이기 때문이다. 두 전작에서 '영화'란 사랑이 시작되는 순간의 설렘, 사랑을 실패한 고통이라는 개인의 감정의 거울과 같은 역할을 했다. 즉 그동안 홍상수의 필모에서 '영화'라는 소재는 꿈, 다중의 이야기들과 특별히 구분되지 않는 위치에 있었다면 〈도망친 여자〉는 처음으로 극장에 영사되는 스크린의 빛과 막의 질감을 비추며 '영화'라는 것의 매혹에 대해 말하고 있다.

때문에 〈도망친 여자〉에서 (영화 속 CCTV, 초인종) 카메라 앞에선 여자들은 도망치지 않는다. 여자들은 이웃집 여성과 영순처럼 위로하며 연대하거나 수영처럼 스토킹하는 남성에게 당당히 맞선다. 도망치는 것은 카메라 뒤에 서 있는 감희이다. 혹은 감희라는 관찰자를 따라 이곳 저곳을 거닐며 바라보는 관객이다. 그녀-관객은 남편과 늘 함께하며 아무 일도 일어나지 않았던 평온한 일상에서 도망쳐 내가 겪지 못한 다른 일상의 순간들, 갈등들을 바라보러 온 것이다. 마음을 다친 사람을 위로하며 포옹하는 순간의 따뜻함, 강렬히 부딪히는 두 남녀의 갈등 과 같이 눈을 뗄 수 없게 하는 것들 말이다. 그렇다면 이제 마지막 장면이 주는 울림과 감흥에 대해 말할 수 있다. 첫 극장 장면은 앞의 스크린들과의 대구를 이루기 위한 장치로써 스크린으로부터 장면을 시작하여 극장 안으로 들어오는 감희의 그림자와 다른 관객(달시 파켓), 음식을 먹는 행위를 비추며 산만히 진행된다. 반대로 엔딩 장면은 우진이 극장에서 음식을 먹으면 안 된다고 말했던 것처럼 온전히 영화를 관람한다는 행위와 그것에 빠져드는 순간을 향하고 있다.

다시, 극장 문이 열리고 카메라는 좌석에 앉아 스크린을 바라보는 감희를 비춘다. 그녀가 영화에 온전히 마음을 빼앗긴 순간 당겨진 줌은 몰입한 얼굴에 집중한다. 이제 카메라는 서서히 고개를 돌려 스크린을 비춘다. 나를 둘러싼 산과 같은 인간들 그 인간들의 관계가 만드는 감정들, 소란들이 아닌 여기에 이곳에 없는 고요한 바다가 있다. 평온함을 떠나 소란들을 만났던 감희는 다시 원래 있던 자리인 평온함 속으로 돌아간다. 우리 관객이 항상 나에게 없는 것 그것을

바라고 변덕을 부리며 스크린을 보는 것처럼 말이다. 때문에 정선생과의 재회로 심란한 감희는 다른 곳으로 도망쳐 반복하기를 멈추고 극장에 온 것이다. 물론 바다이면서 바다가 아닌 현실과 허구 사이의 막 위로 떠다니는 잠재성의 빛을 보는 것이다. 즉 〈도망친 여자〉의 마지막 장면이 주는 탁월한 감흥은 마지막에서야 감희와 거울처럼 마주하는 나(관객)의 모습과 스크린 속 스크린이 만드는 바라봄의 욕망과 매혹의 공명에 기인한 것이다. 결국 극장으로 '영화'로 늘 되돌아오는 우리는 그 이끌림에서 한 발 짝도 도망칠 수 없다.

영화사로 영화를 해석하는 씨네필 비평의 가치
- 정우성의 "너무 먼, 너무 가까운 얼굴들: 사프디 형제 감독론" 그리고 "〈도망친 여자〉의 마지막 장면이 주는 매혹에 관하여"-

정민아
(영화평론가/성결대 교수)

올해에도 영화평론가를 꿈꾸는 많은 분들이 응모하였다. 본 심사는 공식 등단하여 영화비평의 꿈을 널리 펼치고자 하는 실력있는 이들이 각지에 많다는 것을 확인하는 과정이었다. 응모자들은 장평과 단평, 두가지 비평문을 제출해야 한다. 장평을 통해서 영화사와 영상언어에 대한 이해, 텍스트 분석 실력을 평가할 수 있고, 단평을 통해서는 영화분석을 어떤 재치있는 글 구성과 솜씨로 표현하는지를 가늠할 수 있다.

위와 같은 심사기준에 따라 응모작들을 꼼꼼히 살펴본 결과, 올해 응모작들에 어떤 경향이 읽혀졌다. 방대한 인문학적 지식으로 무장하여 영화 형식과 내용을 꼼꼼히 쪼개에 분석하여 그 철학적 의미를 개념화하는 경우가 있는가하면, 또 다른 경우는 최신 이슈와 정보를 중심으로 최근 영화들의 사회적, 역사적 의미를 정의하는 것이었다. 응모작 중 분석의 짜임새와 설득력, 그리고 글쓰기의 매력을 기본으로 하면서 분석대상 영화가 위치하는 영화사적 의미와 함께 타 예술과 구분되는 영화언어의 특정성을 바탕으로 분석해낸 비평문에 가치를 부여하였다.

구성, 영화적 지식, 작가론적 분석력, 독창성, 설득력 등 여러면에서 균형감을 갖춘 훌륭한 글을 발견하는 기쁨을 나누고자 한다. 올해 신인영화평론가상을 정우성 평론가에게 수여한다. 정우성 평론가는 장평으로 "너무 먼, 너무 가까운 얼굴들"이라는 제목 아래 미국 인디시네마의 대표주자 사프디 형제의 영화를 분석하는 작가론, 그리고 단평으로 홍상수 감독의 〈도망친 여자〉 비평글을 제출하였다. 정 평론가는 씨네필적인 영화사 지식 위에 한 작가의 일관성과 개성을 발굴하는 예리한 분석 능력과 함께 난해하지 않으면서도 독자의 지적 즐거움을 일깨우는 좋은 문체의 매력적인 비평글을 보내주었다.

영화비평의 위기를 말하면서도 위기를 타개하기 위해 우리 평론가들이 스스로 얼마나 치열하게 비평하고 행동하고 있는지 성찰하게 만드는 글이다. 영화팬과 영화광은 사라지지 않는다. 결국 영화로 되돌아가서 도망칠 수 없다는 것을 다시금 깨닫게 하는 글이다. 위기의 시대이며 동시에 거대한 가능성이 열리는 시대이다. 영화계에서 또 한명의 유명인 정우성의 등장을 환영하며, 영화평론가라는 타이틀이 자랑이 되도록 함께 동행하길 기대한다.

우리는 영화로의 이끌림에서 도망칠 수 없다

정우성

늘 영화를 보고 느낀 생각과 감흥을 누군가와 이야기하고 싶다는 생각을 했습니다. 항상 주변인들과 영화에 관해 이야기를 나누지만, 그 대화를 통해 주고받는 것은 대부분 영화에 대한 솔직하고 논리적인 의견 교환이 아니라 취향 존중과 감흥에 대한 방어적 공감이라 느낄 때가 많았습니다. 물론 이러한 인간관계를 위한 대화 또한 소중한 것이라 생각합니다. 다만 이 때문에 영화에 대한 솔직한 생각을 누군가에게 전달하고자 하는 갈증이 있었고 그것은 제가 읽어왔던 평론과 같이 글로 이루어져야만 가능하다고 생각했습니다. 감사하게도 평론상에 당선이 되었고 영화에 대한 제 생각을 누군가와 나누는 기쁨을 느낄 수 있게 되었습니다.

아직 거창하게 어떠한 글을 쓰겠다는 목표는 없습니다. 다만 내가 영화를 보고 느꼈던 감흥, 감각, 감정을 논리적으로 납득 가능하게 최대한 영화적으로 설명하고 싶다는 생각은 있습니다. 때문에 그런 글을 쓸 수 있도록 노력할 수 있는 기회를 주신 심사위원분들에게 먼저 감사드립니다.

그리고 영화라는 행성을 벗어나지 못하고 위성과 같은 삶을 사는 나와 같은 사람들, 영화를 만들거나, 가르치거나, 또는 글을 쓰는 친구들의 연대와 공감에 항상 감사하고 있음을, 그리고 응원하고 있음을 전달하고 싶습니다.

마지막으로, 최근 코로나19 이후 점점 좁아진 영화의 자리, 비평의 자리를 걱정하는 우려 섞인 목소리를 많이 들었습니다. "영화는 이제 진짜 끝났어", "다 드라마로 넘어갔어"와 같은 말들, 하지만 20세기가 끝나가면서 영화는 죽음의 위기 앞에 있었고 영화 비평은 늘 위태로웠다고 생각합니다. 그러나 그 위기와 위태로움이라는 말들의 어지러움 속에서 영화와 비평은 항상 자신만의 자리를 굳건히 지키고 있었습니다. 저는 결국 극장으로 되돌아오는 〈도망친 여자〉의 감희처럼, 우리가 영화로의 이끌림에서 한 발짝도 도망칠 수 없다고 믿고 있습니다. 그 되돌아오는 자리가 극장의 스크린이 아니라 카메라 옵스큐라 같은 좁고 어두운 안방의 모니터라 하더라도 말입니다. 그 믿음 안에서 흔들림 없이 정진하겠습니다.

Korean Film Critiques

영평상의 기록

제41회 영평상 시상평
영평 10선

영평상의 상징처럼 자리 잡은 '시상자의 단평'은 1993년부터 시작해 약 30여 년 가까이 이어지고 있다. 시상자의 단평은 왜 이 작품이, 그리고 이 배우가 오늘 단상에 서게 되었는지를 명쾌하게 설명해준다. 그리고 같은 해 영평은 그 해 주목할 만한 작품을 선정하여 영평상의 주요 부문의 하나로 발표하기 시작했다. 몇 번의 각기 다른 명칭을 지나 이제 '영평 10선'으로 자리잡은 평론가들의 선택은 한 해의 한국 영화를 되돌아보는 데에 중요한 나침반이 된다. 여기, 마흔한 번째 영평상의 기록을 남긴다.

제41회 영평상
2021년 11월 10일(수) 오후 6시30분
KG타워 KG하모니홀

〈수상 내역〉

1. 최우수 작품상 : ㈜ 씨네월드 〈자산어보〉
2. 공로영화인상 : 윤일봉 배우
3. 감독상 : 류승완 〈모가디슈〉
4. 여우주연상 : 문소리 〈세 자매〉
5. 남우주연상 : 설경구 〈자산어보〉
6. 여우조연상 : 김선영 〈세 자매〉
7. 남우조연상 : 허준호 〈모가디슈〉
8. 국제영화비평가연맹 한국본부상 : 이준익 〈자산어보〉
9. 각본상 : 김세겸 〈자산어보〉
10. 촬영상 : 최영환 〈모가디슈〉
11. 음악상 : 방준석 〈모가디슈〉
12. 기술상(시각효과) : 정성진·정철민 〈승리호〉
13. 신인감독상 : 홍의정 〈소리도 없이〉
14. 신인여우상 : 공승연 〈혼자 사는 사람들〉
15. 신인남우상 : 이홍내 〈메이드 인 루프탑〉
16. 독립영화지원상 : 김미조 〈갈매기〉
            박윤진 〈내언니전지현과 나〉
17. 신인평론상 : 정우성

◆ 영평 10선 ◆ (가나다 순)

내가 죽던 날 (박지완)

모가디슈 (류승완)

삼진 그룹 영어 토익반 (이종필)

세 자매 (이승원)

소리도 없이 (홍의정)

승리호 (조성희)

인질 (필감성)

인트로덕션 (홍상수)

자산어보 (이준익)

콜 (이충현)

축사

코로나19의 어려운 상황 속에서, 41주년을 맞이한 영평상 시상식의 개최를 진심으로 축하합니다.

한국영화 전반이 어려운 환경에 놓여있음에도 불구하고, 한국영화에 대한 전 세계적인 관심은 뜨겁습니다. 특히 한국영화의 가치는 해외에서 크게 인정받고 있습니다.

봉준호 감독의 〈기생충〉은 아카데미영화상 4관왕을 수상하면서 많은 영화인에게 세계를 향한 도전의 꿈과 용기를 심어주었습니다.

이 뜨거운 관심과 더불어 영평상 시상식에 참석하는 모든 영화인, 협회원 여러분이 세계로 뻗어가는 한국영화의 미래를 함께 만들어 갈 수 있기를 바랍니다.

앞으로도 영평상 시상식이 남다른 혜안으로 한국영화의 가치를 높여줄 것이라 기대하며 여러분의 지성과 통찰력이 더욱 빛을 발하여 한국영화를 잘 이끌어 줄 것이라 믿습니다.

더불어 코로나19로 어려운 상황에서도 영평상의 성공적인 개최를 위해 힘써주신 관계자분들께 박수를, 영화를 사랑해주시는 관객 여러분들께 감사인사를 드립니다. 감사합니다.

2021년 11월 10일
영화진흥위원회 위원장

인사말

위기를 기회로, 영화는 패배하지 않는다.

2020년 초부터 시작된 코로나19로 인한 사회적 거리두기로 극장가뿐만 아니라 영화계 전체가 매우 힘들었습니다. 팬데믹은 지구촌 전체를 위기로 몰아갔습니다. 정신문화의 꽃인 영화계는 더욱 심각한 타격을 받을 수밖에 없었습니다. 그러나 '인간은 패배하려고 태어난 것이 아니다. 인간은 파멸할 수는 있어도 패배하지는 않는다'는 어네스트 헤밍웨이의 『노인과 바다』에서의 명문장을 떠올리면 절망하기는 아직 이릅니다. 한국 영화계도 미증유의 어려운 위기에서도 굴하지 않고 소중하고 빛나는 성과를 거두었습니다. 위기에서 건져 올린 결과여서 더욱 가치가 있다고 생각됩니다.

1960년 창립된 한국영화평론가협회는 국내 최고의 영화평론가 단체로 61년 동안 전통과 권위를 유지해왔습니다. 『영화평론』지를 연간으로 발행하면서 영화비평을 선도해 가고 있으며, 매년 제작된 한국영화 중 의미있는 결과를 기리는 영평상 시상식을 개최해 왔습니다. 올해는 영평상 제41회를 맞아 한국문화의 첨병인 영화계의 다채로운 작품세계를 드러내고자 합니다. 특히 영평상은 평론가의 전문적인 분석력과 통찰력으로 배우의 연기에서부터 기술력과 작품성에 이르기까지 시상함으로써 한국영화의 품격을 높이고 한국 영화가 지향해야 할 방향성을 제시해 왔다고 자부합니다.

또한 영평상은 '영평 10선'을 선정하여 한국영화에 대한 평가를 주도하였습니다. 올해 영평 10선은 어려운 조건에서 인간이 어떻게 노력하며 살아가는가를 보여주는 영화들이 선정됐습니다. 특히 〈자산어보〉와 〈모가디슈〉가 갖는 뛰어난 작품성은 한국영화계에 오래도록 독특한 의미를 점할 것으로 생각됩니다. 신인감독의 작품으로 보이지 않을 만큼 연륜 있는 연출력을 보여준 〈소리도 없이〉, 〈인질〉, 〈내가 죽던 날〉, 〈콜〉은 영화의 사회적 의미를 환기시킵니다. 환경문제를 해결하고자 뭉친 〈삼진그룹 영어 토익반〉의 개성 넘치는 세 명의 직장동료들은 〈세 자매〉에서의 가족의 현실에 부딪친 친 자매처럼 자매애가 돋보입니다. 〈승리호〉의 VFX는 한국영화계의 기술력의 발전을 한눈에 보여줍니다. 베를린영화제 각본상을 수상한 홍상수 감독의 〈인트로덕션〉도 한국영화의 개성과 저력을 해외에 알렸습니다.

41회 영평상은 올해 영화인들이 흘린 땀과 노고를 기반으로 선정하였습니다. 멋진 영화를 탄생시키기 위해 애쓴 감독님들과 배우분들, 각본, 촬영, 기술, 음악 분야에서 노력한 영화인들께 박수를 보냅니다. 영화에서 제시되는 시대적·현실적 조건은 각박하지만, 그 현실극복의 힘은 현실에 대한 희망을 남깁니다. 특히 여러 독립영화관이 지원하는 독립영화 및 다양성 영화에 대한 혜택은 상업대중영화 중심으로 향해가는 영화계를 건강하게 지키려는 영평의 의지를 보여주는 것입니다.

코로나 19 거리두기로 올해도 영평상 시상식은 참석하는 인원을 대폭 줄여 진행합니다. 대신 네이버TV 실시간 송출로 시상식에 참석하지 못하시는 분들의 갈증을 채워주고자 합니다. 작년 40회 영평상 시상식 네이버TV 중계에는 54,000뷰가 실시간으로 있었고, 현재 8만 뷰가 넘습니다.

올 한 해 한국영화인들은 국내외에서 최선을 다했습니다. <미나리>에서 윤여정 배우님의 아카데미 여우조연상 수상은 한국 배우의 매력을 전세계에 드러낸 쾌거를 이룬 것입니다. 한국영화계는 국내뿐만 아니라 세계로 그 지평을 넓혀 K필름의 인지도와 위상을 높여나갈 것입니다. 특히 11월부터 위드코로나가 진행되어 극장의 대형스크린에 많은 관객들이 찾아가게 되기를 기대합니다.

어려운 상황에도 영평상 시상식을 위해 후원해 주신 분들께 감사드립니다. 한국영화평론가협회는 앞으로도 한국영화의 발전에 기여할 것을 약속드립니다. 감사합니다.

황영미 (한국영화평론가협회 회장, 숙명여대 기초교양학부 교수)

최우수작품상_ **<자산어보>** ㈜씨네월드

한국적 영화의 품격이 무엇인가를 보여준 걸작

  사극 영화의 대가로 인정받는 이준익 감독이 정약전의 어류백과 『자산어보』의 탄생과정을 그린 영화 <자산어보>로 한국영화의 품위와 격조를 한 단계 높였다. 그동안 이준익 감독은 <황산벌>에서부터 <평양성>, <왕의 남자>, <구르믈 버서난 달처럼>, <사도>, <박열>, <동주> 등 역사 속 실존인물을 주인공으로 영화화해 왔다. 그 중에서도 <동주>와 <자산어보>는 흑백영화로 수묵화 같은 정갈한 화면이 인물의 내면으로 차분하게 끌어들이게 했다. <자산어보>는 <동주>의 차분함을 넘어서 충만하고 환상적인 화면까지 덧입혀졌다.

  <자산어보>는 1801년 신유사옥으로 인해 흑산도로 유배된 정약전이 젊은 어부 장창대를 만나 어보를 만드는 과정과 어민들의 질곡어린 삶을 그린다. 조선시대 천주교 박해가 있었던 근대와 전근대의 충돌시기를 배경으로 창대라는 인물을 통해 신분제도에 대한 비판, 평민들에게 가해졌던 관료들의 착취실상을 리얼하게 그리고 있다. 창대를 단순한 상민이 아니라 벼슬아치의 서자로 설정해 서얼차별제도까지 부각시킨다. 창대는 흑산도에서 논어맹자는 물론 대학까지 독학한 사람으로

친아버지를 찾아가 자신을 서자로 하지 말고 양자로 들여 과거를 볼 수 있게 해달라고 한다. 창대는 약전을 처음 만났을 때는 조상제사도 철폐하는 천주학쟁이라는 편견을 가지며, 공부 배우러 오라는 약전의 말에 대꾸하지도 않는다. 그러나 점차 약전의 실사구시의 생각을 알

게 되며, 그와 신분을 넘어서는 스승과 제자의 관계를 맺는다. 이 영화는 출세를 지향하는 창대와 본질을 추구하는 약전과의 대립을 통해 삶의 진정한 목적이 무엇인가를 질문한다. 또한 관료를 위한 『목민심서』를 집필한 정약용과 실생활에서 학문의 근거를 찾는 정약전과의 차이도 드러낸다.

〈자산어보〉의 뛰어난 점은 촬영, 각본, 배우들의 연기 등 많지만, 그 중에서도 가장 손꼽을 만한 점은 바로 영화가 지향하는 사상이다. 만인이 평등한 사회, 여자들도 인정받는 사회의 가치를 신분제도가 펄펄 살아 있던 조선사회를 배경으로 주창한다. 또한 형님과의 이별을 아쉬워하는 가슴 아리는 정약용의 시나 약용을 만나 그들과 대화하는 창대의 시를 통해 영화의 품격을 더한다. 〈자산어보〉가 이룬 위업은 한국적 영화가 과연 무엇인가를 천명한 것이라고 생각된다.

황영미 (한국영화평론가협회 회장, 숙명여대 기초교양학부 교수)

공로영화인상_ **윤일봉 배우**

후시녹음 시대에 '음성연기' 고수한 배우의 자존심

윤일봉 배우는 1950년대 이후 후시녹음 시대에 제 목소리로 소화한 몇 안 되는 연기자였다. 대부분의 녹음을 성우에게 맡겨 배우의 특징을 찾아볼 수 없었던 시기에 그는 '음성연기'를 고수함으로써 배우의 자존심을 지켰다.

그는 해방 후 열세 살 때 문화영화 〈철도이야기〉(1947)에 출연한 것을 계기로 스크린과 처음 인연을 맺고, 잇따라 음악영화 〈푸른 언덕〉(1948, 유동일 감독)의 아역과 낙동강 전선에서 평북 운산에 이르는 국군의 진격 상황을 담은 6.25전쟁 기록영화 〈진격만리〉(1953)에 기용되었다. 그가 극영화에 처음 등장한 것은 죽은 줄 알았던 참전용사가 살아 돌아오는 민경식 감독의 〈구원의 애정〉(1955)부터였다.

윤일봉은 이처럼 9년에 걸쳐 문화영화를 시작으로 음악영화, 기록영화, 극영화 등 각기 장르를 달리하는 필름에 등장했다. 이런 예는 한국영화사상 일찍이 찾아볼 수 없는 일이었다.

그는 잇따라 김소동 감독의 〈아리랑〉(1957)을 비롯한 한·홍합작영화 〈이국정원〉(1958), 〈삼일독립운동〉(1959), 〈아아, 백범 김구선생〉(1960), 〈오발탄〉(1961), 〈맨발의 청춘〉(1964), 〈애하〉(1967), 〈석화촌〉(1972), 〈별들의 고향〉(1974), 〈초분〉(1977), 〈내가 버린 남자〉(1979), 〈바다로 간 목마〉(1980), 〈욕망의 늪〉(1982), 〈먼 여행 긴 터널〉(1987), 〈환희〉(1996) 등 30여 년 동안 주, 조연 125편에 출연했다.

그동안 그가 소화한 캐릭터들은 소작농의 딸을 사랑하는 〈아리랑〉의 대학생 현구와 조국을 위해 목숨을 바친 〈아아, 백범 김구선생〉의 윤봉길 의사, 양공주가 된 친구의 여동생(서애자)을 사랑하는 〈오발탄〉의 상이군인, 여대생과 연인 관계인 〈바다로 간 목마〉의 농아학교 교사, 기억상실증에 빠진 여자를 사랑하는 〈내가 버린 남자〉의 중년 실업가, 후처로 삼은 젊은 여자를 호스테스로 전락케 만든 〈별들의 고향〉의 중년 남자 등 주로 한복보다 양복이 잘 어울리는 배역들이었다.

겹치기 출연이 증가함에 따라 '대리 녹음'에 의존해야 했던 1950년~60년대의 상황 속에서도 배우의 긍지를 잃지 않았던 영화계의 신사 윤일봉에게 한국영화평론가협회가 공로영화인상을 수여하게 되는 이유이기도 하다.

김종원 (한국영화평론가협회 상임고문)

감독상_<모가디슈> 류승완

히치콕식 서스펜스를 류승완식으로 재창조한 독창성

류승완 감독을 눈여겨본 것은 <아라한 장풍 대작전>(2005)을 감상하면서 한국영화에 신선한 액션 장면을 선보였기 때문이다. 2006년도에는 <주먹이 운다>라는 영화에서 주먹의 상징성이 내포하고 있는 빈부격차를 비판하여 가슴을 뭉클하게 만들었다. 이 영화로 제58회 칸영화제에서 국제비평가협회 상을 받아 국제적으로 인정을 받았다. 사회 비판적인 주제는 <부당거래>로 이어지면서 제32회 청룡영화상에서 최우수 작품상과 감독상을 받아 한국영화를 대표하는 감독으로 자리 잡게 된다.

2013년에는 새로운 도전을 시도한다. 외국에서의 촬영은 막대한 자본과 철저한 자료준비가 없으면 관객으로부터 공감대를 형성하기가 어렵다. <베를린>에서 감춰져 있던 류승완 감독의 액션과 빠른 리듬의 편집으로 관객들을 영화 속으로 빠져들게 하는 데 성공한다.

이어지는 <베테랑>에서 그의 독창적인 특징을 더욱 성숙하게 다듬어간다. 한국사회의 어두운 이면을 그리면서 클라이맥스로 상승하는 갈등구조와 빠른 액션과 서스펜스는 흥행적으로 성공하고 작품성으로도 평가되어 제36회 청룡영화상에서 감독상을 받았고, 제35회 한국영화평론가협회상에서 감독상을 받아 높은 인지도를 형성한다.

<베를린>에 이어서 해외 올 로케이션 작품에 도전한 <모가디슈>는 많은 어려움을 극복하고 코로나 19의 상황 속에서도 개봉해서 관객들의 발길을 극장으로 유도하는 데 성공을 한다. 해외 로케이션 촬영의 어려움은 거대한 자본과 로케이션 장소 찾기 그리고 실제상황을 재현하기 때문에 철저한 자료조사 기본적으로 요구된다. 류승완 감독은 모든 것을 극복하고 모가디슈에서 탈출해야 하는 극한 상황 속에서 남북한 대사들의 일행과의 갈등구조와 함께 탈출하는 과정을 독자적인 액션과 서스펜스를 통해 완성도 높게 완성한다.

〈기생충〉의 봉준호 감독은 앨프레드 히치콕 감독의 완벽한 콘티를 이용하여 완벽성을 추구한다면, 류승완 감독은 서스펜스의 창시자 히치콕 감독의 리듬을 역동적인 액션과 현시대의 감각에 맞는 빠른 리듬으로 관객들을 매료시키는 독창성에 박수를 보내고 싶다.

민병록 (영화평론가)

여우주연상_ <세 자매> 문소리

삶의 경지에 가까이 왔다

진심어린 사과를 다룬 영화 <세 자매>는 사과란 것이 왜 그토록 힘든 것인지를 집요하게 추궁합니다. 사과는 하느님께 슬쩍 하고 넘어갈 수 있는 게 아니라 피해 당사자에게 똑바로 해야 하는 이유를 이 영화는 분명하게 보여줍니다. 아버지가 진작 사과를 했더라면 이들 네 남매의 상처는 벌써 치유되고도 남았을 것입니다.

배다른 여인의 소생 희숙과 진섭은 아버지의 구타속에서 멍들어 자랐고 성인이 되어서도 그 상처속에서 주눅들거나 장애로 살아갑니다. 그 구타의 실상을 잘 알던 미연은 당시 아무 저항도 하지 못했던 자책감이 커가면서 비뚤어진 책임감으로 자라납니다. 미연은 자신이 봤던 모든 과거의 아픈 기억들을 현재에 더 이상 연장시키고 싶지 않습니다. 대신 미연은 강인하게 자신을 달구어서 그 아픈 기억과 죄책감을 떨궈버리고자 마치 가장처럼 행동하며 인내와 위선을 반복하며 살아갑니다. 아버지 폭력에 대한 댓가는 당한 사람이든 지켜 본 사람이든 네 남매 모두에게 비정상적인 심리적 후유증으로 나타납니다.

네 남매 중 우리들 대다수는 어쩌면 미연을 가장 닮았을 것입니다. 소심한 희숙, 너무 어렸던 미옥, 불쌍한 꼬마 진섭. 폭력의 진실을 잘 알았고 유일하게 저항할 수 있었지만 침묵했던 미연. 수 십년이 흐른 후 그녀는 처절하게 아버지의 사과를 외칩니다.

영화는 가족내의 폭력을 다루지만 한편 우리 현대사를 은유합니다. 우리는 그 얼마나 많은 부당한 공적 폭력앞에서 용기있게 저항하지 못한채 그 죄책감을 갖고 힘들게 살아갑니까. 〈세 자매〉의 미연역을 통해 문소리는 타인의 아픔을 보고도 과거 묵살했으나 현재 그 빚을 갚기 위해 열심히 살아가려는, 일견 모순적이지만 동정받을만큼 철저히 인간적이며 문제적인 여인의 초상을 완벽하게 완성했습니다. 이제 무슨 역을 맡든 자신의 진정한 삶의 자세를 연기하는 배우의 자신감을 보게 됩니다. 허구인 영화가 그대로 삶으로 바뀌어 우리에겐 속깊은 성찰의 울림이 약동합니다. 연기를 통해 삶의 경지에 한 발 다가간 듯 합니다. 그게 문소리를 올해 최고의 여배우로 기억하게 만든 이유입니다.

정재형 (영화평론가)

남우주연상_**<자산어보> 설경구**

여유로움과 미세한 감정의 결로 빚은 매력적인 역사인물

사실 설경구는 섬세하거나 다양한 표정을 장착한 배우가 아니다. 무표정하고 건조한 얼굴은 보는 이를 끌어당기는 게 아니라 외려 밀어내는 쪽이라는 게 더 적절하다. 그럼에도 영화 속에서 폭발하는 그의 에너지는 모두를 꼼짝할 수 없는 자장 안에 가두어버린다.

설경구는 영화 속에서 늘 압도적인 에너지를 분출했다. 순수한 청년이 시대의 희생양이 되고 세상과 불화하며 상처 입은 짐승이 되어 "나 다시 돌아갈래" 하고 절규하면서, 무섭게 달려드는 기차를 온몸으로 받던 <박하사탕>은 설경구 연기의 마스터피스였다. 이후 <공공의 적>이나 <실미도>, <역도산>, <불한당: 나쁜 놈들의 세상>, <살인자의 기억법> 등 그의 대표적인 필모그래피 역시 억눌린 에너지가 임계점에 이르러 폭발하는 모습으로 그를 각인시켰다. 그처럼 설경구의 연기는 강력하지만 바로 그 때문에 그의 연기를 즐기기는 어려웠던 것도 사실이다.

그런 그가 지금까지와는 사뭇 다른 연기의 결을 보여주었다. <자산어보>의 정약전은 설경구에 의해 여유롭고 능청스럽기도 하면서 꼿꼿하고 결기 있는, 여전히 격정적이지만 즐거운 호기심으로 가득한 매력적인 인물로 탄생했다. 그는 동공에 힘을 잔뜩 주던 모습에서 천연스러우면서 명징한 눈을 반짝이고, 격렬한 몸짓은 공기의 흐름이 느껴질 만큼이나 가벼워졌으며, 가면과 같은 표정은 미세한 감정의 결을 설핏설핏 드러내었다. 이러한 변화는 창대(변요한)와의 '아름다운 길항'을 만들어내는 데 주효하게 작용했다.

　무엇보다 이 영화에서는 인물이 배경과 분리되지 않는다. 자연의 모습을 닮고 자연과 섞이며 자연의 일부가 되는 인물. 그래서 자연을 닮은 흑산도 민초들 사이에서 정약전은 불균질하지 않다. 정약전이 '양반도 상놈도 없고 임금도 없는 그런 세상'에 온전히 동화될 것 같은 인물로 여겨지는 것은 분명 배우 설경구의 몫이다.

조혜정 (중앙대 예술대학원 교수)

여우조연상_ **<세 자매> 김선영**

무기력함으로도 묵직함과 안정감을 선사하는 배우

<세 자매>는 어릴 때 경험했던 가정폭력의 후유증이 각기 다른 모습으로 발현하는 세 자매의 이야기를 보여준다. 김선영은 <세 자매>에서 첫째 희숙 역할로 관객에게 연민의 감정을 불러일으킨다. <세 자매>는 희숙의 감정 상태를 클로즈업을 통해 명확하게 보여준다. 희숙이 영화에서 처음 등장하는 장면은 딸과 함께 소파에서 TV를 보는 모습이다. 화면 왼쪽에 옆으로 드러누운 딸은 스탠드 조명으로 밝게 보이는 반면에 오른쪽 화면에 앉아 있는 희숙은 어둡게 보인다. 암에 걸린 희숙은 홀로 운영하는 꽃집에서 탁자에 스탠드만 켜놓고 앉아있거나, 남편이 찾아왔을 때도 전기히터를 켜놓고 어두운데 앉아 있다.

배다른 자식인 희숙괴 남동생은 어릴 때 술에 취한 아버지에게 폭행을 당하곤 했다. 가족들 앞에서 기를 펴지 못하고 '미안하다'라는 말을 입에 달고 사는 희숙의 모습들은 폭력적 환경에서 기인한 것이다.

둘째 딸 미연(문소리)은 가정과 교회에서 모범적인 삶을 사는 것처럼 보이길 원한다. 그래서 자신의 기준에서 벗어날 경우 가차 없는 언어폭력을 행사한다. 미연은 주변 사람들을 상대할 때 위선적인 태도로 품위를 유지하지만, 강압적인 언어로 자신이 원하는 바를 관철한다. 막내딸 미옥

(장윤주)은 미연과 다르게 말보다 물리적 폭력이 우선한다.

영화 후반부, 아버지 생일날 세 자매가 모인다. 그런데 막내 남동생이 나타나 식탁에 오줌을 뿌린다. 생일잔치는 난장판이 되지만, 희숙은 목사님에게 식사하고 가시라며 음식을 꾸역꾸역 먹기 시작한다. 결국 희숙이 감정에 복받쳐 갑자기 소리치면서 음식이 입에서 튀어나오는 클로즈업들은 억눌렸던 그녀의 내면적 감정을 고스란히 드러낸다.

신강호 (영화평론가, 대진대학교 연극영화학부 교수)

남우조연상_**<모가디슈> 허준호**

감정의 촘촘함으로 오간 적과의 동행 속 냉소,
그리고 간절함

　　언젠가부터 서사의 흐름에 묵직한 휴지(休止)가 필요할 때, 배우 허준호가 등장하는 것은 자연스러운 일이 되었다. 이 '언젠가부터'는 아마도 그의 얼굴에 입을 굳게 다물고 날카롭게 응시할 때의 강인함도 함박웃음과 함께 휘어지는 눈꼬리의 서글서글함도 공존한다는 점을 깨달은 후부터라 할 수 있을 것이다. 강렬함으로 대표되었던 허준호가 사실 이 사이를 자유롭게 오가며 도저히 다가갈 수 없는 인물로도, 사람 좋은 웃음 사이에 처연함을 감춘 이로도 등장할 수 있다는 것을 알았을 때, 그의 모습은 스크린에 좀 더 깊이 새겨질 수 있었다.

　　그리고 올해, 그는 흥미롭게도 이 둘 사이의 간극을 최대한 좁히며 아프리카의 도시 '모가디슈'

한복판에 서 있었다. 이곳에서 그는 상반되는 두 개의 얼굴을 절묘하게 조절하며 냉정하면서도 절박한 북한 대사 림용수의 모습을 완벽하게 표현해냈다. 자신에게 딸린 이들을 살리기 위해 비아냥을 감내하면서도 지병이 알려지지 않길 바라는 자존심은 림용수가 결코 비굴할 수 없는 이라는 점을 지시했다. 허준호는 림용수가 느낄 남쪽에 대한 적개심과 바로 그들에게 살려달라 요청해야 하는 머쓱함을 두 얼굴이 가장 가깝게 만나는 순간들을 통해 설명하면서 그의 자존심을 지켜내었다.

딱딱하게 굳었던 얼굴이 시선을 떨구며 풀어지는 순간, 식사가 안전하다는 것을 확인시켜주는 남쪽 대사의 행동을 쫓아가던 눈빛, 탈출을 준비하며 다급하게 의견을 교환하는 상황에서의 침묵 등은 강약의 극단이 아닌 경계를 오가며 세심하게 표현되었다. 허준호가 그린 감정의 섬세함은 이제 더 이상 서로를 아는 척 할 수 없는 상황에 도달했을 때 빛을 발했다. 멈칫하면서도 끝까지 뒤돌아보지 않고 버스에 탄 림용수의 얼굴에서 드러난 복잡함은 남과 북, 그리고 그 사람들 사이에 얼마나 큰 마음이 오갔는지, 그래서 미워만 할 수 없게 된 적과의 동행으로 설명하려던 감정의 낙폭이 얼마나 세밀한 것이었는지를 충분히 전달해 주었다.

생각해보면 허준호는 실상이 잘 드러나진 않았지만 분명 누군가 목숨을 내놓아야만 했던 곳에서 자주 얼굴을 보였다. <하얀전쟁>에서 앳된 모습으로 베트남 전장을 누비던 홍병장은 비극을 대면해야 했던 <실미도>의 조중사를 지나 <국가부도의 날>까지를 겪은 후, 소말리아의 내전 속 <모가디슈>에 섰다. 작품 속 인물들의 공포를 생각했을 때 그가 그들과 함께 겪어야 했던 고통이 짐작조차 되지 않지만, 그를 통해 같이 아파할 수 있다는 점이 행운일지 모른다. 다시 한 번 수상을 축하한다.

송아름 (영화평론가)

국제영화비평가연맹 한국본부상_ <자산어보> 이준익

담담한 수묵화의 필치로 그려낸 흔치 않은 사극

이준익 감독의 <자산어보>(The Book of Fish, 2019)는 학자를 주인공으로 삼은 흔치 않은 사극
이다. 감독은 이 영화가 정약전(丁若銓: 1758~1816)의 저서인 『자산어보(玆山漁譜)』의 서문을
토대로 하여 상상력을 가미했다고 밝히고 있다.

영화는 정약전, 정약용 형제가 죄를 받아 유배에 이르게 된 시점부터 약전이 『자산어보』를
완성해가는 과정을 매우 담담한 수묵화의 필치로 그려나가고 있다. 영화에서 이준익 감독은 정약전
이 무척이나 열린 마음의 소유자였음을 강조한다. 그는 비록 그 분야의 저술을 남기지는 않았지만,
성리학에 정통했다.

영화 <자산어보>는 조선 후기의 최고 학자인 사암(俟菴) 정약용의 중형으로만 알려졌던 손암(巽庵)
정약전을 재평가하고 있다는 점에서 큰 영화적 의미를 갖는다. 나아가 그를 도와서 우리나라 최초의
생태학적 저서를 출간할 수 있게 한 창대의 존재를 일깨워준 것도 이 영화의 큰 미덕이라 하겠다.

나는 이 영화를 여러 번 보면서 시나리오의 디테일에 귀가 번쩍 열렸다. 특히 다음의 대목은 놀라운 것이었다.

극중 정약전은 창대와의 대화에서 자신의 학문과 다산(茶山)의 학문이 다르다는 것을 분명히 한다. 창대가 다산은 경서(經書)를 쓰는데, 왜 선생은 어보(漁譜) 같은 거나 쓰고 있냐고 묻자, 약전은 두 사람의 생각이 다르기 때문이라고 대답해준다. 특히 그는 동생이 쓴 『목민심서』 필사본의 한 구절을 가리키면서 그 점을 강조한다. 다산이 중시한 윤음(綸音)은 "임금이 신하나 백성에게 내리는 말"이라는 뜻인데, 여기서 약전은 윤(綸)이 낚싯줄을 뜻하기도 하므로 임금이나 어부나 마찬가지임을 역설한다.

정약전은 왕명(王命)이 아니라 '어부의 소리'에 귀를 기울였던 것이다. 나는 윤음(綸音)이라는 한 단어에 이 영화의 주제의식과 메시지가 녹아 있다고 생각한다.

김시무 (국제영화비평가연맹 한국본부(FIPRESCI KOREA) 회장)

각본상_<자산어보> 김세겸

지옥에 계시려나?

임금 없는 세상, 반상 차별 없고 주인 노비가 따로 없으며 누구나 자유롭게 뜻을 펼칠 수 있는 세상. 그런 세상을 꿈꾸었던 인물이 조선에 있었을까? 영화 <자산어보>에서는 한 사람 있었다고 한다. 비록 상상력의 산물이지만 나름 속 시원한 자리매김이다.

영화는 지식과 식견을 갖춘 조선 선비의 품위를 맛깔나게 그려낸다. 그들은 멋진 시로 필담을 나누고 선의의 경쟁을 하며 열악한 처지에서도 자존심을 잃지 않는, 진정한 조선의 지식인들이다. 그런가하면 서민들은 비록 글을 익히진 못했지만 그들 나름의 여유가 넘치는 자유인들이다. 수탈을 일삼는 탐관오리들이 있어 살림살이는 팍팍해도 무엇을 어떻게 먹어야 맛이 나고 자연이 선사하는 풍광과 소리와 사물의 아름다움과 값어치를 직관한다. <자산어보>에서 제공하는 조선의 묘사는 그렇게 생동감이 넘친다.

망조가 든 조선을 보면서 약전은 나라의 미래를 걱정하고 서학에서 구국의 희망을 발견했을 터다. 하지만 서학을 업고 들어온 천주교회는 그의 기대를 만족시키지 못하는데 어류를 향한 약전의 애정이 그 사실을 잘 대변한다. 예수가 공자나 장자나 붓다보다 뛰어난 인물이면 어쩌란 말인가, 예수의 대리자를 자처하는 교회는 영 그에 못 미치지 않는가.

약전은 동생 약용과 다른 가치관을 가진 사람이다. 그래서 약용이 세상과 치국治國을 논하고 있을 적에 흑산도에서 어류魚類의 생태와 구조와 그 조리법에 관심을 둔다. 유배라는 독특한 상황에서 어쩔 수 없는 선택이라기보다 원래 그런 사람이었을 것이다. 유배 길에 흑산도의 지리를 척척 읊어대는 것만 봐도 잘 알 수 있다. 약전이 급제하고 관직에 오른 지식인인지라 풍류를 모르는 바 아니나, 품성 자체는 사물에 대한 호기심과 그것을 파헤쳐 근본에 이르려는 마음으로 가득하다. 격물치지라고나 할까? 케케묵은 문학과 예술보다 오히려 홍어 한 마리에 진짜 세상이 있는 것을..... 〈자산어보〉의 선명한 역사의식을 만나는 순간이다.

정약전은 결국 뜻을 펴지 못한 채 유배지에서 쓸쓸하게 숨을 거둔다. 하지만 그가 남긴 어류도감 『자산어보』는 우리에게 생생하게 전달되었고 책에서 영감을 받아 각본이 쓰이고 영화로 만들어졌으니 약전은 천당에서 몹시 흡족해 하리라. 아니 배교를 했으니 지옥에 계시려나.

박태식 (영화평론가)

촬영상_<모가디슈> 최영환

최영환의 촬영, 결코 흔치 않은 시각적 만족감 선사

　　최영환은 20편에 달하는 류승완 감독의 필모그래피 중 총 6편의 촬영을 맡았다. 조용규와 함께 작업한, 류 감독의 첫 장편 <죽거나 혹은 나쁘거나>(2000)와 단편 <다찌마와 리>(2000), <피도 눈물도 없이>(2002), <베를린>(2013), <베테랑>(2015), 그리고 <모가디슈>다. 이들 가운데 영평상 촬영상을 안은 것은 <모가디슈>가 처음이다. 그만큼 최영환의 촬영은 주목에 값한다. 그는 이번 수상 이전에 두 차례 이 상을 받았었다. 2012년 <도둑들>과 2010년의 <전우치>(이상 최동훈 감독)였다.

　　모름지기 '잘 만든 영화'는 다른 그 무엇보다 두 가지 요인에 의해 결정된다고 주장해왔다. 카메라가 피사체를 어떤 근접도(Proximity)·각도로 포착 즉 촬영하느냐와, 어떤 호흡리듬으로 내러티브를 이끌어나간다. 영화에서 중요하지 않은 분야가 어디 있겠는가만은, 그만큼 촬영은 특정 영화의 사활을 좌우하는 결정적 상수인 셈이다.

　　결론컨대 <모가디슈>의 촬영은, 결코 흔치 않은 시각적 만족감을 선사한다. 개별 캐릭터부터 몹씬에 이르기까지, 익스트림 클로즈업부터 익스트림 롱숏에 이르기까지…흠잡을 지점을 발견하기란 쉽지 않다. 성격화(Characterization)나 연기에 대한 호불호를 떠나, 조인성을 재발견시키고, 올 영평상에서 류승완에 감독상, 허준호에 남주조연상을 안기게 한 일등공신은 최영환의 능수능란한 촬영이(라고 평한들 과장은 아니)다. 방준석의 음악이 빛을 발하는데도, 촬영의 기여는 결정적이었다.

　　극적 개연성을 넘어, 특히 결말부의 사활을 건 추격 시퀀스 촬영은 비단 2021년만이 아니라 한국영화사에서도 빛날 기념비적 순간이라 평하지 않을 길 없다. 단언컨대 그 시퀀스 촬영만으로도 <모가디슈>는 촬영의 역사에 길이 남을 공산이 크다.

　　한국영화 (제작) 100년이었던 지난 2019년, 월간 문화전문지《쿨투라》에 10회에 걸친 연재를 하며 9번째 편으로 한국의 촬영감독 10인을 선정한 적이 있다. 한국 최초의 촬영기사였던 이필우(李弼雨, 1897~1978)를 필두로 <하녀>(1960, 김기영)와 <삼포가는 길>(1975, 이만희)의 그 촬영감독 김덕진(金德珍, 1922~1982), 말 그대로 영상미학의 대가 정일성(鄭一成, 1929~), 한국적 영상미

학의 탐구자 전조명(田朝明, 1933~), 장르와 세대의 경계를 뛰어넘은, 〈만추〉(1966, 이만희)의 촬영감독 서정민(徐廷珉, 1934~2015), 한국 영화기술의 개척자 장석준(張錫俊, 1935~1980), 위대한 촬영감독을 넘어 "아름다운 인간"이었던 유영길(劉永吉, 1935~ 1998), "팔순의 작은 거인" 박승배(朴承培, 1939~), 이창동의 〈박하사탕〉(1999)과 봉준호의 〈살인의 추억〉(2003) 등 눈부신 필모그래피의 선구적 유학파로 새로운 데뷔 경로를 개척한 김형구(金炯求, 1960~), 〈기생충〉(2019, 봉준호)과 〈버닝〉(2018, 이창동)의 그 촬영감독 홍경표(Alex Hong, 1962~)가 그 주인공들이었다.

어쩌면 그 11번째 인물로 최영환을 선택해야 할 성도 싶다. 아직은 50대 초의 이른 나이라, 그의 미래를 좀더 지켜봐야겠지만 말이다.

전찬일 (영화평론가)

음악상_ **<모가디슈> 방준석**

'탈출'의 스릴과 서스펜스를 살려낸 <모가디슈>

세계를 휩쓸고있는 코로나의 4차유행이라는 악재와 여름철의 공포영화 러쉬를 물리치고, 7월말에 개봉된 <모가디슈>는 국내최고 흥행과, 전세계 75개국의 러브콜을 받으며, K영화 최대의 화제작으로 등극했다.

'모가디슈'는 아프리카 모로코 올 로케이션으로 관객들의 눈을 사로잡고, 완성도 높은 음악이 귀를 사로잡으며, 관객이 아프가니스탄 내전의 한복판에 착륙한듯한 생생한 현장 몰입감의 영화가 탄생했다는 극찬을 받았다.

역동적인 카레이싱의 씬에서, 드라마틱한 실화의 긴장감, 가슴 졸이는 공포를 관객이 실제 체험할 수 있도록 고통스러운 음정들, 타악기의 심장박동적인 리듬, 감정적 연결을 최대한 살려내는데 성공한 '모가디슈'의 작곡을 맡은 방준석은 '유앤미 블루'라는 록밴드의 보컬, 기타리스트였고, 2005년 <주먹이 운다>로 류승완과 호흡을 맞춘이래로, <짝패>,<베테랑>, <신과 함께> 등 다양한 장르의 작품들에 음악감독으로 참가하여, 호흡을 맞춰왔다. 그는 영화에 완벽하게 녹아드는 음악으로, 제35회 <한국영화평론가협회 음악상>을 비롯하여, <대한민국영화대상 음악상>, <청룡영화상 음악상> 등 중요한 영화음악상을 휩쓸은 가장 활동적이고 가장 역량있는 음악감독이다.

<모가디슈>영화의 전체적인 흐름과 음악의 흐름이 매우 조화롭고, 에스닉한 음악 또한 잘 어울려, 전반적인 박진감과 긴장감을 살려주는 오케스트라와 전통 타악기가 적재적소에 맞추어, 적절하게 잘 녹아들었고, 영화 곳곳에 등장하는 에스닉한 타악기는 감초 같은 역할을 한다.

하이라이트 전 부분에서 아프칸 내전의 일촉즉발의 위기속에서도, 이슬람 예배의식을 치루는 에스닉한 남자의 독백 멜로디가 특히 인상적으로, 영상과 음악의 조화가 절묘하게 잘 어울린다.

그의 음악은 손에 땀을 쥐게 하는 긴장과 불안감이 싹트는 스릴러스코어에 초점이 맞춰져 있다. 기능적 측면에서 언더스코링 효과에 충실, 어둡고 비장한 음악은 디토 오케스트라의 연주속에, 생존위기에 놓인 인물들의 굴하지 않는 용기와 결단, 단합의 과정을 생생하게 재현하고 있다.

아프리카 장터를 보여주며 시작하는 장면에서, 아프리카풍의 강한 비트가 심장의 박동소리처럼 들려오며, 아프리칸 퍼큐션, 국내 아프리칸 타악그룹 쿰바야의 에스닉한 리듬이 만들어내는 긴박감 넘치는 소리들은 목숨 건 탈출의 서스펜스와, UN가입을 위해서 치열하게 경쟁하는 남북의 팽팽한 대결, 소말리아 내전의 끊임없이 고조되는 전쟁의 광기는 관객들의 가슴을 서늘하게 파고든다.

현악 오스티나토와 공감각적인 전자사운드가 아프리카 인장과 겹쳐서 만들어낸 역동적 스코어는 화면에 펼쳐지는 목숨건 탈출의 상황묘사에 전력을 다하여, 사운드로 담아내는데 성공하였고, 자동차 추격장면의 흥미진진한 스릴러와 액션의 클라이맥스는 블록버스터 영화가 꿈꾸는 것 이상의 성공을 거두었고, 아프리칸 코러스로 생존과 탈출의 소말리아 냉전 한복판의 색채를 그대로 관객에게 전달한다.

애트모스시스템을 처음으로 시도한 방준석은, 음악과 현장감을 최대한 살린 사운드가 애트모스를 통해 울리도록 철저한 준비를 통하여, 음악이 전체적 흐름 속에 자연스럽게 녹아 흐르도록 했다.

"우리나라 영화가 어디까지 갈 수 있는가?"라는 의문에 대하여, "天衣無縫"의 영화음악으로 한국 영화의 지평선을 넓히는데 방준석 음악감독이 큰 공헌을 할 것으로 기대한다.

한옥희 (영화평론가/실험영화감독)

기술상(시각효과)_ <승리호> 정성진 · 정철민

한국 우주 SF영화를 실현시켜 준 위대한 첫걸음

영화 <승리호>(조성희, 2020)는 한국 최초의 우주 SF영화로서 할리우드 SF영화의 1/10 제작비인 250억 원으로 압도적 볼거리를 제공하였으며, 28일만에 2,600만 명이 시청하여 28개국 넷플릭스의 인기영화 세계 1위를 차지하는 성과를 거두었다.

<승리호>에서 가장 뛰어난 성과는 한국 최초의 우주 SF영화를 실현시켜 준 시각특수효과의 기술력이다. 이 영화는 2,500장면 중 80%인 2,000장면이 시각효과로 만들어졌으며, VFX 10개 업체 1,000여 명의 전문가가 참여하였다. 작살잡이 로봇 업동이의 경우 배우 유해진이 연기하는 장면은 한국 최초로 모션캡처로 진행되었고, 작살로 UTS 우주선을 공격하는 장면은 '키 프레임

애니메이션(Key Frame Animation)' 기법을 활용하여 화려한 액션을 창출하였다. 장 선장이 비상부스터를 여는 장면은 매트 배경의 실제 촬영 장면과 컴퓨터 그래픽 장면을 합성하여 승리호의 디테일을 살려주었으며, 개별적으로 촬영한 숏을 이어 붙여 마치 롱테이크처럼 만들어 긴장감을 부여하였다. 승리호와 UTS의 추격 장면과 결투 장면은 시각적 효과로 빠른 속도감, 스펙터클한 화면, 몰입감 있는 전개를 구현하였다. 작은 위성들의 움직임과 속도는 '오픈 소스 음영 처리 언어(OSL, Open Shading Language)'를 활용하여 사실감을 부여하였다. 이 영화는 NASA의 실시간 우주 라이브 방송과 사진 데이터를 레퍼런스로 하여, 사물 사이의 거리감과 공간감을 만드는 것은 가장 큰 과제를 해결하였다.

정성진·정철민 슈퍼바이저는 작성 단계부터 콘셉트 아트를 구성하였으며, 1,000여 명의 시각 특수효과 전문가들의 VFX 작업을 진두지휘하여, 참여업체가 동시다발적으로 구현한 장면의 톤을 노련하게 조율하였다. 그래서 이 영화는 한국의 시각효과 스튜디오의 세계적 수준을 가늠할 수 있는 영화로서 할리우드와 기술력 차이가 없다는 찬사를 받고 있다. 〈승리호〉는 한국영화에서 우주로 나간 최초의 영화이며, 우주 공간의 시각효과라는 가장 큰 도전이자 성취를 이루어냈다. 한국영화에서 최초로 우주 SF영화를 실현시켜 준 위대한 첫 걸음을 내디뎠다는 점에서 〈승리호〉에서 시각특수효과를 책임진 정성진·정철민 슈퍼바이저에게 영평상 기술상을 바친다.

서곡숙 (영화평론가)

신인감독상_ **<소리도 없이> 홍의정**

기묘한 아이러니가 빚어낸 세계

데뷔작에서부터 평단과 관객의 사랑을 한 번에 받은 신인감독이 얼마나 있을까. 홍의정 감독은 2020년 개봉한 영화 <소리도 없이>에서 기존의 범죄 스릴러 공식을 파괴하는 연출로 관객을 몰입시키며 큰 호응을 얻었다. 또한 홍 감독은 신인감독으로서는 범상치 않은 연출력과 완성도를 선보였다.

영화는 유괴된 아이를 의도치 않게 맡게 된 두 남자가 그 아이로 인해 예상치 못한 사건에 휘말리는 이야기를 담고 있다. 한나 아렌트가 역설한 '악의 평범성'이 자연스레 상기되는 작품으로 모순된 선과 악에 대한 감독의 통찰력과 메시지가 돋보인다.

　　영화는 우리에게 익숙한 범죄 스릴러의 공식을 파괴하는 대신 부조화를 통해 신선함을 선사한다. 살인, 시체유기, 아동 유괴 등 어두운 소재를 다루고 있는 범죄영화지만 동시에 전하는 메시지는 블랙코미디 장르를 따른다. 결핍을 지닌 두 인물(말을 못하는 태인과 다리를 저는 창복)을 따라가다 보면 그들을 단순하게 악랄한 범죄자라고 규정짓기는 어렵다. 선악의 판단이 유보된 영화이기에 더욱 그렇다. 여기에 기존의 범죄영화와는 맞지 않게 사용된 파스텔톤 색감과 아름다운 미장센은 영화의 아이러니를 더욱 극대화시킨다.

　　영화 <소리도 없이>는 홍의정 감독의 독특한 세계관이 눈길을 사로잡는 작품이다. 충무로의 화려한 신고식을 알린 홍 감독은 이 영화 한 편으로 단연 올해의 주목받는 여성감독으로 자리매김을 했고 그래서 앞으로의 행보가 더욱 기대되는 감독이다.

양경미 (영화평론가, 연세대학교 겸임교수)

신인여우상_ <혼자 사는 사람들> 공승연

얼굴에 깃든 청춘의 초상

배우 공승연은 첫 스 크린 데뷔작 <혼자 사는 사람들>로 그의 얼굴을 관객들에게 깊이 각인 시켰다. 스크린 속 공승 연의 얼굴은 곧 이 시대 를 살아가는 어느 청춘 의 얼굴이다. 이는 비단 캐릭터의 힘만이 아니 다. 그가 맡은 진아 역은 대사도 적고 표정 변화 도 거의 없다. 하지만 공승연은 견고한 듯 나약한 청춘의 초상을 얼굴에 담담하면서도 섬세하게 담아낸다.

콜센터 직원인 진아는 자발적 나홀로족이다. 무미건조한 표정으로 타인과의 접촉을 인위적으로 차단하거나 피한다. 이런 캐릭터의 특성상 진아와 관객은 일정 부분 거리를 가질 수 밖에 없다. 하지만 공승연은 그 간극을 없애고 관객들이 캐릭터의 깊은 내면까지 도달할 수 있도록 돕는다. 진아의 내면에서 일어나는 소소한 긴장과 불안, 나아가 일련의 사건들로 겪게 되는 균열과 혼란까지 정교하게 표현함으로써 공감을 불러일으킨다.

공승연은 다층적인 감정의 결을 동시에 펼쳐 보이는 것에도 능숙하다. 콜센터로 걸려온 전화에 친절하지만 기계적인 응답을 하는 목소리 톤과 리듬, 점심마다 쌀국수를 먹지만 왠지 허기지고 공허해 보이는 표정, 아버지를 원망하면서도 반복적으로 관찰하고 응시하는 시선 등이 그렇다. 공승연은 이를 통해 진아가 타인과 세상에 대해 느끼는 환멸과 고독을 함께 드러낸다.

진아의 세계에 균열이 생기기 시작하고 혼란을 겪는 과정에선 공승연의 넓은 연기 스펙트럼을 확인할 수 있다. 공승연은 생각지 못한 혼란에 당황하는 진아의 모습과 그 떨림의 진폭을 파노라마처럼 펼쳐 보인다.

영화 후반에 이뤄지는 진아만의 작별 인사에선 공승연의 절제된 연기가 돋보인다. 작별 인사를 건네는 진아의 모습이 초반의 진아와 크게 다르게 표현됐다면, 개연성과 현실성이 결여됐을 것이다. 하지만 공승연은 캐릭터를 일관성 있게 연기하면서도 미세한 차이를 두고 그려낸다.

그는 진아가 각자에게 건네는 작별 인사에서도 조금씩 다른 연기를 보여준다. 옆집 남자와 작별하는 모습, 사라진 신입 사원과 나누는 마지막 인사, 아버지와의 작별은 모두 다른 느낌으로 다가온다. 이를 통해 진아가 작별 인사를 나누는 과정에서도 조금씩 성장했음을 보여준다.

첫 스크린 데뷔작으로 자신이 가진 얼굴의 또 다른 힘과 매력을 알린 공승연, 10년간 쌓아 올린 단단한 연기 내공이 앞으로 스크린에서 더욱 빛을 발할 것으로 기대된다.

김희경 (영화평론가)

신인남우상_ <메이드 인 루프탑> 이홍내

찌질한데 힙한 요즘의 얼굴

<메이드 인 루프탑>은 퀴어 영화인 것 같지만 영화를 보고 나서는 그냥 청춘영화로 느껴진다.

이홍내 배우가 연기한 "지하늘"은 이름처럼 지하와 하늘, 좌절과 희망을 오가는 어설프고 사랑스러운 인물이다. 하늘은 우리가 퀴어 영화에서 보아왔던 정체성에 대한 고민에 휘청거리거나 사회적 시선을 극복하는 운명 같은 사랑을 앓는 전형적 인물이 아니다. 하늘은 연인과 대책 없는 밀당을 하느라 집을 나와서는 키우는 고양이 걱정에 안달한다. 그리고 '남자를 좋아해요'가 아닌, '고양이가 있어요, 제가 없으면 밥을 굶어요!' 하는 식으로 커밍아웃하기도 한다. 하늘의 하루는 게이보다는 고양이 집사, 취준생, 혹은 서툰 연애와 우정으로 채워져 있다.

이태원을 배경으로 하는 이 드라마는 신인인 배우들까지 더해 지극히 현실적인 판타지를 그려내

고 있다. 그리고 이 이태원의 옥탑방이 예견하는 찌질함과 '힙함'의 어느 지점에 지하늘이 있다. 그는 전형적인 어떤 인물의 기시감도 느끼지 않는 낯선 얼굴인데도 어쩐지 요즘의 청춘을 떠올리게 한다. 새로운 얼굴은 필연적으로 새로운 사고방식과 새로

운 삶의 태도를 담보한다. 이 인물은 분명 게이인데 그게 특별함 없이 여겨지는 것. 퀴어 영화에서 게이가 아닌 단지 하늘이라는 귀여운 인물로 남게 되는 점은 흥미롭기도 하다.

이홍내 배우의 얼굴은 'MZ 세대'를 떠오르게 한다. 특정 세대를 떠올리는 얼굴이란 젊은 배우에게 어떤 의미일지, 과연 그가 오 년 뒤에도 이 얼굴을 가지고 있을지 궁금하다. 신인상은 한 배우의 연기 인생에서 화양연화의 시기가 도래했음을 공식적으로 발표하는 것처럼 여겨진다. 이홍내 배우에게 맵고 달고 쓰고 짠 만화방창의 계절이 왔음을 고한다.

정지혜 (영화평론가)

독립영화지원상_ **<갈매기> 김미조**

생선가게 아줌마의 인간 권리 투쟁기

딸의 상견례를 무사히 마치고 돌아온 생선가게 주인 '오복'은 시장 사람들과 어울려 술을 마시며 즐거운 저녁 시간을 보낸다. 이른 아침 문이 열리지도 않은 시장에서 오복이 걸어 나온다. 오복은 자신의 바지에 피가 묻어 있다는 사실을 알고, 공중목욕탕에서 피 묻은 속옷을 빤

다. 그녀의 등에는 멍이 들어 있다. 병원에 찾아가 진료를 받고 돌아온 후에도 계속해서 피가 난다. 며칠을 장사하러 시장에 나가지도 않고, 집에 두문불출하고 드러누웠다.

시장 사람들은 "뭔 일인지 몰라도 눈 한 번 꼭 감고 지나가"라고 하고, 딸은 "말을 해야 알지 말 안하는데 어떻게 알아"라고 말한다. 오복은 그제야 시장의 재개발 대책위원장 기택에게 성폭행당한 일을 털어놓는다. 영화는 여기서부터 본격적으로 나아간다. 충격을 충격으로 남겨두는 것이 아니라 주인공을 행동하게 하고 행동에 따른 반응이 있고 그 반응에 따라 다시 행동하며 거친 파도에도 좌초하지 않고 전진한다.

억울한 사람은 있는데 국가가 가해자를 처벌할 수 없다고 하자, 오복은 자신의 존엄을 지키기 위해 목에 팻말을 두르고 기택 앞에 선다. 팻말을 두른 주오복의 얼굴에 묻어나는 오래 억눌려 지내온 삶 위에 싹틔운 용기와 두려움이 뒤섞인 표정과 눈물을 오랫동안 잊기 힘들다. 그리고 오복을 배경으로 흘러나오던 투쟁가는 그녀의 행동이 어떤 국가적인 이슈보다 더 중요하게 성취해 내야 할 인간의 권리 투쟁임을 일깨워 준다.

우리 사회는 아직도 성폭행 가해자보다 피해자가 더 험난한 길을 걸어야 한다는 사실을 현실적이면서도 섬세하게 잘 그려준 감독에게 먼저 감사를 드린다. 그리고 그 길이 힘들어 포기하거나 멈춰서는 것이 아니라 인간의 권리를 위한 투쟁이 비록 지난하더라도 끝까지 걸어가 오복을 기택 앞에 서 있게 해줘 더 고마웠다. 영화가 가진 사회적 역할을 묻는다면 <갈매기>가 성취해낸 그 지점을 말하고 싶다. 김미조 감독에게 감사와 다음 영화 제작에 작지만 힘이 될 독립영화지원상을 드린다.

서성희 (영화평론가, 오오극장 대표)

독립영화지원상_ **<내언니전지현과 나> 박윤진**

'내다큐의대상과 나'는 하나다

'일랜시아'는 과거 국내 최대 이용자 수를 자랑했던 클래식 RPG 게임이었다. 현재는 운영진에게 버림받고 매크로와 해킹이 난무하는 무법천지 게임이다. 그래도 여전히 남아있는 유저가 있다. 일랜시아의 16년 차 고인물 박윤진 감독은 유저들에게 질문을 던진다. "일랜시아 왜 하세요? "

영화 제목이기도 한 '내언니전지현'은 이 영화를 만든 박윤진 감독의 게임 아이디다. 다큐멘터리 는 보여주는 예술이 아니라 함께하는 예술 행위이다. 다큐를 만드는 사람은 자신이 촬영하고 있는 대상과 오랫동안 함께한다. 공간을 기록하고 사람을 기록하기 위해 다큐는 그곳에 오래 머물며 그들과 함께해야 한다. 1999년 탄생한 '일랜시아'라는 가상의 게임 공간에서 '내언니전지현'는 초등학교 때부터 18년간 머물렀고 누구보다 그 공간을 잘 이해하고 그 공간을 살아낸 사람들을 잘 기억하고 있다. 좋은 다큐를 만들 수 있는 요건을 갖춘 셈이다. 이 작품은 게임 유저가 자신이 속한 세계를 담은 국내 최초 다큐멘터리 영화이다.

다큐는 대상이 되는 '공간과 사람'에 대한 깊은 공감과 함께 '시선'이 중요하다. 천 개의 다큐는 천 개의 시선이 있다는 말이 있다. 모든 다큐는 다른 시선으로 현상을 바라본다. 그런 점에서 〈내언니 전지현과 나〉는 독특한 소재와 시선으로 우리가 이전에 전혀 몰랐던 새로운 공간과 시간을 경험하게 한다.

게임 세계의 '내언니전지현'이자 현실의 '나'는 좌충우돌 노력 끝에 넥슨 노조 방문에도 성공하고, 넥슨 본사를 찾아가 넥슨 고위 관계자도 만나 간담회도 하고 팅버그 문제도 해결한다. 일랜시아를 하는 더 깊은 속내는 사람에 있다. 2014년 마지막 업데이트 이후 개발사의 방치 속에서도 '일랜시아'의 유저들은 현실에서 게임 세계 속 공동체 구성원을 만나 친밀한 관계를 이어나가기도 하고, 오프라인 길드 정모를 여는 등 서로 돈독한 관계를 유지하며 접속을 이어간다.

이 영화의 최대 장점은 망해가는 게임 '일랜시아'라는 독특한 소재로 각박한 청년 세대의 현실을 소환하고 청년의 감성을 고스란히 전달한다는 점이다. 앞으로 독특한 시선의 더 많은 작품과 다양한 이야기를 기대하며 박윤진 감독에게 독립영화지원상을 수상한다.

서성희 (영화평론가, 오오극장 대표)

신인평론상_ 정우성

영화사로 영화를 해석하는 씨네필 비평의 가치

올해에도 영화평론가를 꿈꾸는 많은 분들이 응모하였다. 본 심사는 공식 등단하여 영화비평의 꿈을 널리 펼치고자 하는 실력있는 이들이 각지에 많다는 것을 확인하는 과정이었다. 응모자들은 장평과 단평, 두가지 비평문을 제출해야 한다. 장평을 통해서 영화사와 영상언어에 대한 이해, 텍스트 분석 실력을 평가할 수 있고, 단평을 통해서는 영화분석을 어떤 재치있는 글 구성과 솜씨로 표현하는지를 가늠할 수 있다.

위와 같은 심사기준에 따라 응모작들을 꼼꼼히 살펴본 결과, 올해 응모작들에 어떤 경향이 읽혀졌다. 방대한 인문학적 지식으로 무장하여 영화 형식과 내용을 꼼꼼히 쪼개어 분석하여 그 철학적 의미를 개념화하는 경우가 있는가하면, 또 다른 경우는 최신 이슈와 정보를 중심으로 최근 영화들의 사회적, 역사적 의미를 정의하는 것이었다. 응모작 중 분석의 짜임새와 설득력, 그리고 글쓰기의 매력을 기본으로 하면서 분석대상 영화가 위치하는 영화사적 의미와 함께 타 예술과 구분되는 영화언어의 특정성을 바탕으로 분석해낸 비평문에 가치를 부여하였다.

구성, 영화적 지식, 작가론적 분석력, 독창성, 설득력 등 여러면에서 균형감을 갖춘 훌륭한 글을 발견하는 기쁨을 나누고자 한다. 올해 신인영화평론가상을 정우성 평론가에게 수여한다. 정우성 평론가는 장평으로 "너무 먼, 너무 가까운 얼굴들"이라는 제목 아래 미국 인디시네마의 대표주자 사프디 형제의 영화를 분석하는 작가론, 그리고 단평으로 홍상수 감독의 <도망친 여자> 비평글을 제출하였다. 정 평론가는 씨네필적인 영화사 지식 위에 한 작가의 일관성과 개성을 발굴하는 예리한 분석 능력과 함께 난해하지 않으면서도 독자의 지적 즐거움을 일깨우는 좋은 문체의 매력적인 비평글을 보내주었다.

영화비평의 위기를 말하면서도 위기를 타개하기 위해 우리 평론가들이 스스로 얼마나 치열하게 비평하고 행동하고 있는지 성찰하게 만드는 글이다. 영화팬과 영화광은 사라지지 않는다. 결국 영화로 되돌아가서 도망칠 수 없다는 것을 다시금 깨닫게 하는 글이다. 위기의 시대이며 동시에 거대한 가능성이 열리는 시대이다. 영화계에서 또 한명의 유명인 정우성의 등장을 환영하며, 영화평론가라는 타이틀이 자랑이 되도록 함께 동행하길 기대한다.

정민아 (영화평론가, 성결대 교수)

영평 10선 (가나다 순)

편집자의 말

[편집자의 말]

출판이사 **송아름** · 출판간사 **윤필립**

'그때'라는 말이 이토록 멀게 느껴질지 몰랐다. 과거일 수도 있고 미래일 수도 있는 '그때'가 이렇게나 오랫동안 늘어질지 상상치도 못했던 날들을 보냈다. '그때로 돌아갈 수 있을까', '그때쯤이면 거기에 갈 수 있을까' 라는 상상은 지친 시간만큼이나 멀리 미뤄두고 있었는지 모른다. 조금씩 더 나아진 모습을 떠올리지 않게 되었을 때, 작년보다 좋은 상황에서 영화제가 열렸고 작년보다 많은 관객들이 찾은 영화가 나왔다. 그렇다. 느리지만 분명 나아지고 있었다.

올해 『영화평론』 33호가 힘을 낼 수 있었던 것도 조금씩, 천천히 나아지고 있는 상황이 주는 기대 덕분일 것이다. 작년, 영평 창립 60주년과 영평상 40회를 기념하며 과거를 돌아본 후 마주한 것은 한류라는 단어를 넘어선 'K' 현상이었다. 작년과 올해 초, 그들만의 '로컬' 영화제에서 나란히 봉준호와 〈기생충〉, 그리고 윤여정의 이름이 불린 것은 그 정점에 있었다. 이후 OTT나 유튜브를 중심으로 각종 한국 작품들이 해외에서 주목받기 시작했고, 이는 거대한 현상으로 이름 붙일 만한 것이 되어 있었다. 사람들이 발 묶인 상황에서 역설적으로 확산된 한국 콘텐츠의 다른 이름 'K'. 이번 『영화평론』 33호는 바로 이 'K'의 성취와 가능성이 준 힘으로 물꼬를 터보고자 했다. 과연 이 현상을 어떻게 보아야 할 것인가. 어디까지 즐기고 어디부터 경계해야 할 것인가. 지금 여기저기서 들려오는 'K'에 대한 호들갑에 비슷한 이야기를 더할 생각은 없다. 정확한 진단과 직언이 이후를 상상할 수 있게 할 것이라는 믿음은 작년에 이어 올해도 유효하다.

기획특집 「보편과 특수의 경계 속 'K': 'K-MOVIE'의 정체는 무엇인가?」는 'K'를 둘러싼 명과 암에 대해 깊게 고민한 흔적들이다. 여기저기 수식처럼 앞세운 'K'를 어떻게 보아야 하는지에 대해 여러 필자들이 생각을 모으고, 각기 다른 영역에서의 'K'에 대한 이야기를 풀어냈다. 먼저 'K'의 의미와 전망을 훑고, OTT의 확대 속 'K'의 정체성을 짚어가며 현재의 상황을 설명하며, 해외에서 인정받고 있는 'K'감독과 배우의 전사(前史)를 짚어낸 글들을 통해 이 현상의 정체부터 파악하려 했다. 이 글들은 어떻게 현재 이러한 현상이 가능했는지, 그리고 그 의미가 무엇인지에 대해 촘촘하게 짚어내며, 'K'의 정체성에 대한 궁금증을 해소시켜 줄 것이다. 이어지는 글에서는 화려한 'K'의 수식이 오히려 정체를 만들거나, 치우친 스포트라이트로 작용하고 있다는 점을 지적하려 했다. 외부의 시선에서 본 '새롭다'는 의미의 오독이 주요 장르의 나아갈 길을 막거나, 해외로 뻗어나가는 독립영화의 수준과 성과에 관심을 기울이지 않는 상황 역시 분명한 'K'의 한 부분이다. 기획특집에서 바라보는 'K'에 대한 날카로운 진단은 현재의 문화적 상황을 이해하고 또 앞으로 나아가는 데에 꼭 필요한 발판이 될 것이라 생각한다.

신인 감독의 세계를 톺아보는 「신인의 발견」에서는 올해 강유가람 감독에 주목했다. 사실 강유가람 감독을 신인 감독의 섹션에서 논하는 것은 그가 쌓아놓은 다큐멘터리와 수상 이력에 실례일지도 모르겠다. 그럼에도 강유가람 감독을 붙잡은 것은 최근 그가 전달하는 이야기들이 매우 구체적이면서도 탄탄하게 하나의 방향을 가리킨다는 판단에 따른 것이다. 그리고 그 방향에 좀 더 많은 이들이 공감할 수 있길 바라는 마음도 강유가람 감독에게 주목하도록 했다. 강유가람 감독은 지금의 페미니즘이 나아가고 있는, 그리고 나아갈 것이라고 믿는 곳으로 걸음을 떼는 것에 주저함이 없다. 그의 실천이 과연 어떻게 영화에 담기고 있는지를 「신인의 발견」에서 살필 수 있을 것이다. 이어 실린 국내·국외 영화의 단평은 올해도 착실히 자리를 지키며 주목할 만한 작품들을 소개하고 있다. 극장에 가는 것이 힘들어졌어도 영화는 묵묵히 제자리를 지켰다. 그렇게 남은 작품들에 다시 한번 시선이 머무르길 기대해 본다.

올해의 〈신인평론상〉은 미국 인디시네마 내에서 주목받는 사프디 형제의 영화로 장평을, 〈도망친 여자〉로 단평을 제출한 정우성 씨에게 돌아갔다. 영화사적 의미와 맥락 안에 작가와 작품을 위치짓는 것은 영화를 언어로 옮길 때에 가장 기본적이 면서도 접근하기 쉽지 않은 방법일 것이다. 당선자가 평론가로서 내놓은 첫 글은 이 어려움을 영화사적 지식으로 해결하며 차분하게 풀어내었다. 그의 글을 통해 독자들 도 신선한 영화의 중요 맥락들을 함께 짚어보기 바란다.

마지막으로는 2021년 제41회 영평상의 〈시상자의 단평〉과 〈영평 10선〉을 실었 다. 영평상의 상징처럼 자리 잡은 시상자의 단평은 1993년부터 시작해 지금까지 이 어지고 있다. 수상자가 어떤 이유로 이 상을 받는지를 전문가의 언어로 설명해 주는 시상식은 국내에서 영평상이 유일하다. 시상자는 수상자의 연기와 작업을 살피며 그 것의 중요성을 설명하고, 수상자는 자신의 작업이 어떤 의미를 지니고 있었는지를 되새길 수 있다. 이것이 쌓이면서 한국 영화가 나아가는 데에 큰 보탬이 되리라 생 각한다. 〈영평 10선〉 역시 1993년부터 영평상의 주요 부문으로 발표되기 시작했다. 몇 번의 각기 다른 명칭을 지나 이제 '영평 10선'으로 자리잡은 평론가들의 선택은 한 해의 한국 영화를 되돌아보는 데에 중요한 나침반이 된다. 여기, 마흔 한 번 째 영평상의 기록을 남긴다.

올해의 『영화평론』을 마무리하면서 바라는 것은 딱 하나이다. 이 모든 작품을, 감독을, 배우를, 그리고 성과를 편안히 극장에서 즐길 수 있는 날이 오는 것, 그뿐이 다. 작년부터 이어진 이 바람이 당황스러울 만큼 자연스럽게 이뤄지기를 다시 한번 기대해 본다.